Gabriele Schreib

Marjellchen

Kleine Mädchen
im Strudel der Weltgeschichte

Die Mutter stirbt und das ist immer ein gegebener Anlass, auf ihr Leben einen intensiven Blick zu werfen. „Marjellchen" ist ein inzwischen schon fast ausgestorbener Begriff, das sagen die Leute in Ostpreußen zu einem „Mädchen". Marjellchen Irmgard, Jahrgang 1928, wächst behütet in ihrer Familie im ostpreußischen Gumbinnen auf. Mit zwölf Jahren, fast dreizehn, beginnt sie 1941, ein Tagebuch zu schreiben. Nach ihrem Tod liest die Tochter dieses Tagebuch. Schnell wird klar, welchem Druck das kleine Mädchen standhalten muss, als es zu schreiben beginnt: Der Krieg mit Russland hat gerade begonnen und die Bedrohung ist schon bald spürbar. Nach kurzer Zeit merken die Menschen selbst im ruhigen Ostpreußen, dass die ersten Todesfälle Lücken in die Familien reißen. Trotzdem vergehen noch Jahre, bis die kleine Familie, inzwischen ganz ohne Männer, auf abenteuerlichen Wegen nach Schleswig-Holstein flüchten muss. Das immer wieder eindringliche Dokument des Tagebuchs begleitet sie auf ihrem Weg.

In Schleswig an der Schlei angekommen, ist der Krieg schon nach wenigen Tagen vorbei. Die kleine Stadt in der Nähe vom völlig zerstörten Kiel nimmt tausende von Flüchtlingen auf. Sie bietet im ersten Sommer nach Kriegsende wieder ein wenig heile Welt: Badefreuden im Haddebyer Noor, Bekanntschaften mit anderen jungen Leuten, manchmal auch Treffen mit einigen Menschen aus der alten Heimat. Irgendwann geht dann auch die Schule wieder los und gibt dem aus den Fugen geratenen Leben neue Struktur. Doch die tiefen Wunden, die der Krieg aufgerissen hat, bleiben.

Selbst in der nächsten Generation, von der man sagt, sie hätten die „Gnade der späten Geburt" gehabt, selbst dort ist noch viel von den niemals therapierten verwundeten Seelen der Elterngeneration zu spüren. So bietet dieses Buch einen Blick auf das Schicksal der Ostpreußenkinder, gesehen aus den Augen der Nachkriegsgeneration. Auch die deutsche Wissenschaft kümmert sich inzwischen verstärkt um das Schicksal dieser vielen Kriegskinder. So kann man dieses Buch als einen Beitrag sehen, der die wissenschaftlichen Forschungen mit den Erfahrungen der eigenen Kindheit der Autorin bereichert.

Gabriele Schreib

Marjellchen

Kleine Mädchen im Strudel der Weltgeschichte

Bibliografische Information Der Deutschen Nationalbibliothek

Die Deutsche Nationalbibliothek verzeichnet diese Publikation in der Deutschen Nationalbibliografie; detaillierte bibliografische Daten sind im Internet über http://dnb.ddb.de abrufbar.

©   2012 VAS – Verlag für Akademische Schriften

Alle Rechte vorbehalten.

Herstellung, Layout:	VAS
	Ludwigstr. 12d, 61348 Bad Homburg v.d.H.
Fotos:	U1 – Irmgard Nern in der „Adolf- Hitler-Schule" in Gumbinnen, vormals „Erste Gemeindeschule"
	U4 – Gabriele Schreib M.A., fotografiert von © Frederic Plambeck
Vertrieb:	Südost Verlags Service GmbH
	Am Steinfeld 4, 94065 Waldkirchen

Printed in Germany • ISBN 978-3-88864-481-8

Inhaltsverzeichnis

1. „Ende oder neuer Anfang?" 6
2. Die Fliegen kommen schon 14
3. Lebenslauf meiner Mutter 1953 18
4. Dunkle Geschichten in meiner Seele 23
5. Bombenangriff in Stralsund –
   knapp am Tod vorbei 30
6. Eine tiefe Verbindung wird wieder möglich 33
7. Krieg und Abschied von Gumbinnen:
   Das Tagebuch 37
8. Komische Zufälle und Deutschlands Ende 50
9. War der Jahrmarkt nun in Kiel oder nicht? 62
10. Ich fahre in die „kalte Heimat" – endlich! 65
11. Von Rauschen schwärmt mein Tantchen immer 71
12. Familienforschung:
    Gumbinnen ist heute im Internet 76
13. Und heute?
    Atomraketen nach Kaliningrad? 79
14. Die Kriegskinder der Jahrgänge 1928 bis 1950 92

1. „Ende oder neuer Anfang?"

Der Teakholzstuhl, auf dem meine Mutter sonst sitzt, bleibt für immer leer. Ich sehe sie dort sitzen, die weißblonden langen, immer etwas zotteligen Haare hängen über ihre Schulter. Sie will ja immer noch ein Teenager sein, bis ins hohe Alter von 81 Jahren. Kleiner und kleiner wird sie in den letzten Jahren, sie geht gebeugt und am Stock, ist aber trotzdem immer noch sehr dominant. So dominant, dass wir uns mit schöner Regelmäßigkeit in die Haare bekommen. Meistens geht es um Sichtweisen. Schon, wenn ich in Jeans komme, wird gestichelt. Was für meine Generation wichtig und spannend ist, interessiert wenig.

So ist es dann natürlich auch klar, dass ich mich im Gegenzug für ihre vielen Reisen, die Unmengen von Fotos, die Sonnenuntergänge, den Vollmond sowie ihre Opern ebenfalls recht wenig interessiere. Je verbissener sie wird in ihrer Argumentation, desto weiter entferne ich mich von ihr. Der Grund liegt sicher darin, dass ich mich von ihr überhaupt nicht verstanden fühle. Und dann will ich, genau so trotzig wie sie, sie eben auch nicht verstehen. Mich abgrenzen gegen alles, was ihr wichtig ist. Obwohl wir auch immer mal wieder kleine Momente hinbekommen, wo das alles anders ist und wo wir uns auch ganz nahe sein können. Doch schon bei der Erinnerung an Gewesenes ist es immer wieder so, dass ihre Erinnerungen sich nicht mit meinen decken. Mir kommt es dann immer so vor, als wolle sie mir meine eigene Wahrnehmung komplett absprechen. Inzwischen gibt es niemanden mehr, mit dem ich mich darüber streiten kann, wie es gewesen ist. Damals.

Bei einer Familienaufstellung im letzten September berichte ich der Therapeutin von den Schwierigkeiten meiner Mutter mit der Rollenfindung und der ewigen Rivalität zwischen meiner Mutter und mir. „Wie nennen sie denn ihre Mutter?" „Sie mag es, wenn man

‚Charmie' zu ihr sagt. Das ist noch ein Spitzname aus ihren wilden Jahren in den 60ern mit Horst. Ihr richtiger Name ist Irmgard. Aber den mag sie schon gar nicht. Manchmal sage ich auch nur ‚Hallo, Süße' und gebe ihr ein Küsschen." „Ja dann nennen Sie sie doch einfach mal ‚Mama'. Oder ‚Mutti' oder ‚Mutter'. Damit sie ihre Rolle als Mutter endlich einmal finden kann. Wer ein Leben lang immer nur ein Teenager sein will, wer immer trotzig ist und wer gegen alle diese möglichen Frauenrollen opponiert, der kann auch nicht Mutter sein".

Ich probiere es aus. Schon am Nachmittag fahre ich zu ihr. Sie sitzt, wie immer im Sommer, nackig am Gartentisch in der Nähe vom Schwimmbad. Sie sonnt sich. Meist schon im Mai ist sie braungebrannt wie ein Indianer. Nur die weißblonden Haare passen nicht so richtig zu dem Bild. Ich gebe ihr ein Küsschen, grinse sie an und sage: „Hallo, Mama!" Sie stutzt einen kleinen, kaum merklichen Moment und dann sagt sie lächelnd: „Hallo, mein liebes Töchterchen!"

Ich glaube es nicht, es ist, als ob ich ein Zauberwort ausgesprochen hätte. So hat sie noch nie mit mir gesprochen, so liebevoll. Sonst war da immer diese große Rivalität, aus der wir uns kaum einmal befreien konnten. Nun ist sie wie weggeblasen. Ein wunderbarer Moment ist das in unserem gemeinsamen Leben. Endlich mal. Hätte ich ihr allerdings gesagt, dass das eigentlich die Idee meiner Therapeutin war, na da hätte sie schon wieder dagegen geredet. Immer hat sie etwas einzuwenden gegen das, was ich sage. Gegen die Therapeuten hat sie natürlich ebenso etwas wie gegen die Ärzte.

Nun ist sie tot seit dem 13. Dezember 2009. Schlagartig im Bad von der Toilettenschüssel gekippt, ein Schlaganfall, eine geplatzte Ader, ein Herzinfarkt: Genau weiß ich es nicht. Ein Luxustod, innerhalb von Sekunden, eigentlich ein Geschenk sowas, wohl völlig schmerzfrei und ohne Leid. Ihr Mann Heinz und ich sind uns einig, dass wir keine Obduktion wollen. „Wir wollen doch das schöne Tier nicht anschneiden!", so ihre Worte, wenn es um notwendige Arztbesuche geht. So wissen wir es nicht genau, denn was hätte dieses Wissen geändert? Wohl nichts. Da sie die Ärzte und ihre Kunst nicht besonders wertschätzt, wollen wir ihr das nun auf keinen Fall antun. Hat das Zauberwort „Mama" ihr diesen so leichten Tod möglich gemacht? „Die Kriegskinder haben oft einen sehr schweren Tod", sagt meine Therapeutin und ich habe immer sehr viel Angst davor, dass es für meine Mutter einmal so sein könnte. Ein langes, schmerzhaftes Leiden und ein langer, qualvoller Abschied. Hat ihr das Zauberwort die Rolle als ältere Generation, als Mutter zugewiesen und ihr geholfen, diese anzunehmen? Den raschen Tod ermöglicht? Vielleicht. Vielleicht. Vielleicht…

„Ende oder neuer Anfang" schreibt meine Mutter in ihr Tagebuch am 28.02.1949, dem Tag, an dem sie zum ersten und einzigen Mal mit meinem Vater schläft. Sie zeigt mir diesen Eintrag, als meine erste Tochter an einem 28. Februar geboren wird. Es ist tatsächlich gleichzeitig das Ende, das sieht sie schon ganz richtig vorher. Denn mein damals 25-jähriger Vater bekommt, sobald er von meiner Existenz erfährt, heftige Schwangerschaftsbeschwerden. Heute weiß die Psychologie, dass es sowas tatsächlich gibt. So hat nun meine 21-jährige Mutter von ihm keinerlei Unterstützung, die sie eigentlich selbst so dringend gebraucht hätte. Sie, die tief in ihrem Inneren immer noch das kleine traumatisierte Kriegskind ist. Das die Heimat verliert, das verwundete Soldaten mit amputierten Armen und Beinen und blutenden, eitrigen Wunden pflegen muss als Zwölfjährige. Das auf der Flucht Ruinen, Trümmer, brennende Häuser, überall Tote und Verwundete sieht. Das fürs ganze Leben schwer verstört ist von alledem.

Geheiratet wird zwar noch am 12. August, damit ich ehelich geboren werde – das ist damals noch extrem wichtig - aber dann ist mein Vater auch schon wieder weg. Weit weg, in Wiesbaden. Von meiner korpulenten, bei meiner Geburt 61-jährigen ostpreußischen Großmutter gibt es erst recht keine Hilfe. Als meine Mutter sie fragt, wie das denn so sei mit der Schwangerschaft und der Geburt, sagt die zu ihr: „Na wirst schon sehn."

„Ende oder neuer Anfang" steht jetzt wieder in der Welt. Ich könnte es auch heute genauso in mein Tagebuch schreiben. Denn der Tod der Mutter ist auch immer ein Neubeginn für die Tochter. Auch wenn die Tochter längst erwachsen ist, bleibt sie bis zum Tod innerlich ihrer Mutter vehement verbunden: Entweder eifert sie ihr nach und versucht, ganz genau so zu werden wie sie oder sie will genau das niemals und unter gar keinen Umständen. Dann kann sie nur den genauen Gegenentwurf leben. Mit dem Tod der Mutter wird zum ersten Mal dann der innere Raum frei dafür, nachzusehen, welche Richtung nun eigentlich die eigene ist. Und welche - wie in meinem Fall - nur durch die ständige Rebellion gegen das Bild der Elterngeneration entstanden ist. Denn schließlich sind wir es, die 1968 erst einmal alle Autoritäten vom Sockel kippen. Vor den eigenen Eltern machen wir da natürlich erst recht nicht Halt. Das gibt dann natürlich Konfliktstoff für ein ganzes Leben.

Wenn die Mutter stirbt, ist das für ihre Tochter eine ganz besondere Zeit. Selbst wenn das Verhältnis zwischen der Mutter und der Tochter ambivalent ist, berührt der Tod ihrer Mutter die Tochter tief. Mit ihrer Trauer, aber auch mit den Gefühlen wie Wut, Dankbarkeit, Nähe oder Entfremdung oder auch Schuldgefühlen ist die Tochter dann konfrontiert. Durch den Tod der Mutter verschieben sich dazu alle Maßstäbe für die Tochter, sodass alle Frauen nach dem Tod ihrer Mutter sagen: Es ist nichts mehr wie zuvor, alles hat sich geändert. Mit dem Tod der Mutter wird die Nabelschnur endgültig zerschnitten. Es beginnt ein Wandlungsprozess, der für die Tochter auch etwas Befreiendes hat. Trotzdem kommt bei mir die Frage auf, ob meine Mutter mich überhaupt jemals geliebt hat. Oder ob nicht immer etwas anderes wichtiger war. Vor allem die Männer, aber auch die Reisen, die Opern, die Fotos, die Sonnenuntergänge, der Vollmond, die Freunde…

Die Beziehung, die zwischen Mutter und Tochter besteht, ist ja sehr intensiv. Das ist zwar nicht immer so gewollt von der Tochter, manchmal auch nicht von der Mutter, aber sie ist trotzdem sehr intensiv. Unsere Mutter ist, wenn sie seelisch und körperlich gesund ist, die erste, die uns umsorgt, die uns in den Arm nimmt, die uns streichelt, die uns alles gibt, was wir brauchen. Oder die eben nichts von alledem gibt, weil sie das gar nicht kann. Weil sie als Kriegskind so traumatisiert ist, dass sie dem kleinen schutzbedürftigen Wesen überhaupt keine Liebe geben kann. Keine Nähe zulassen kann. Die dann natürlich auch keine Milch für den kleinen Säugling hat. Das führt dann dazu, dass wir uns schon früh abgelehnt fühlen und uns somit ein Leben lang nach dieser nie gekannten Mutterliebe sehnen. Sie aber nie wirklich bekommen. Ein Junge löst sich naturgemäß schon früher von seiner Mutter, einfach weil er feststellt, dass sie ganz anders ist als er. Die Tochter dagegen bleibt mit der Mutter ein Leben lang verbunden.

Für mich ist der Tod meiner Mutter überraschend, obwohl ich es natürlich vom Verstand her jederzeit für möglich halte. Bei einem unverschuldeten Autounfall 2001 bricht sie sich beide Beine und durch die Metallplatten im linken Bein bekommt sie offene Wunden, die nicht mehr heilen. So hat sie unter vielen Ängsten zu leiden, über die sie auch mit mir reden kann. Angst, dass ihr der Fuß amputiert wird. Angst, dass sie, die nun an einer Krücke geht in Haus und im Garten, dass sie dann ganz an den Rollstuhl gefesselt wird. Aber auch Angst, nicht mehr reisen zu können... je mehr Ängste sie hat, desto verbissener lehnt sie es ab, zuzugeben, dass sie Ängste hat. Stattdessen spult sie in immer kürzer werdenden Intervallen das ganze Programm ab, das sie am Laufen hält. Reisen, reisen, reisen und immer noch mal wieder auf die Flucht. So wie damals, als das Marjellchen mit der Mutter Luise und der Schwester Erna aus Gumbinnen in Ostpreußen in Richtung Westen flüchten muss. Das uralte Muster des Traumas wiederholt sich ein Leben lang. Eine Therapie hätte sie allerdings nie gemacht. Vorschlagen kann ich es ihr schon mal. Doch da beiße ich auf Granit.

Ich hätte auch bei ihr sein können, bei ihrem letzten Atemzug, sie hätte auch einfach vom Stuhl fallen können und ich hätte daneben gesessen und hätte nichts tun können. Das hat sie mir erspart. Trotzdem ist sie ohne Abschied gegangen und der fehlt, dieser Abschied. Für die meisten Töchter ist die Begegnung mit der sterbenden Mutter die erste Begegnung überhaupt mit einem sterbenden Menschen. Viele Frauen sind dann völlig überrascht, festzustellen, wie das überhaupt ist.

Es ist für mich nach diesem plötzlichen Tod geradezu eine Erleichterung, meinen Stiefvater zu unterstützen, viel Organisatorisches zu erledigen, die Trauerfeier im Krematorium vorzubereiten, die unübersehbaren Abos und Werbekataloge zu kündigen, die Seebestattung von Strande aus zu planen, die Karten zu schreiben, die Freunde von ihr zu benachrichtigen. Die Aufarbeitung von Konflikten, die es zwischen Müttern und Töchtern immer gibt, sie kann nun nicht mehr stattfinden. Einige Fragen bleiben für immer unbeantwortet. Alles, was man der Mutter noch sagen will, alles was man noch fragen will, all das ist nun nicht mehr möglich.

Die Menschen, die bald ins Grab müssen, die von den beginnenden Leiden geplagt werden und an der Lebensfreude und am Genuss nicht mehr von Herzen teilhaben können, die neigen manchmal dazu, etwas scheel auf alle die zu sehen, die sich noch scheinbar ganz unbekümmert im Leben tummeln. Heute ändern sich die Verhältnisse unseres Lebens rasanter als je zuvor. Dadurch fallen die Alten immer heftiger und radikaler aus der Welt, die sie kennen und die sie beherrschen. Die Jüngeren merken diesen Prozess nur sehr selten, da sie sich besser an die stetigen Veränderungen anpassen können, ja, sie bemerken sie oft nicht einmal. Der Mensch mit seinem Todestrieb soll sich nun zum Sterben niederlegen, insgeheim oder öffentlich missgönnt er aber nun allen anderen das Weiterleben.

Meine Mutter leidet sehr unter ihrer immer offensichtlicher werdenden, massiven körperlichen Eingeschränktheit. Aber Jammern macht auf Dauer einsam und das weiß sie. Trotzdem bleibt ihr nichts anderes übrig. Viele Menschen jammern. Immer ich. Warum gerade ich. Mein Partner versteht mich nicht. Nie habe ich Glück. Warum jammert der Mensch eigentlich? Wer wegen jeder Kleinigkeit jammert und meckert, der sagt eigentlich: „Ich will Zuwendung!" Dieses Jammern hat aber Nachteile. Die Probleme werden nicht gelöst, aber der Jammerer zieht sich selber mit seinen düsteren Gedanken immer weiter nach unten. Das wird zu einer Abwärtsspirale, die kaum zu stoppen ist. So wirkt der Mensch nicht sehr anziehend auf seine Umgebung - und hat damit noch einen weiteren Grund, um frustriert zu sein. Denn immer weniger Menschen können oder wollen sich dem aussetzen, es kommt einfach niemand mehr zu Besuch.

Ich sehe meine Mutter fast jeden Tag. Wann immer ich es einrichten kann, komme ich auf einen kurzen Schnack vorbei. Sie wohnt nur einen Kilometer von mir entfernt. Manchmal habe ich auch mehr Zeit und wir reden ein Stündchen miteinander oder zwei. Manchmal sitzen wir auch zusammen in der Sonne im Frühjahr und genießen die hellen Sonnenstrahlen und das frische Grün. So etwas ist eigentlich immer ganz harmonisch. An anderen Tagen überwiegt wieder das Jammern und wenn es sich paart mit ständigen Vorwürfen, reiße ich manchmal auch schnell wieder aus. Sehr oft richten sich die Vorwürfe direkt gegen mich. Absurde Vorwürfe. So höre ich wenige Wochen vor ihrem Tod: „Du musstest ja damals zu Hause ausziehen mit zwanzig!" Ich sage: „Mama. Ich bin natürlich ausgezogen mit zwanzig, weil man mit zwanzig sein eigenes Leben will, das ist ganz normal. Das ist nun fast 40 Jahre her. Dafür lasse ich mir doch nicht jetzt noch Vorwürfe machen!"

Solche absurden Gespräche haben wir öfter und ich gebe zu, dass mich sowas immer komplett wütend macht. Trotzdem suche ich in allen diesen Diskussionen vor allem immer nur die verständnisvolle, liebende Mutter, die ich so nicht habe. Aber so gerne hätte. Warum will sie nie verstehen, was mich bewegt? Ich denke, sie kann es nicht. Verstehen und geben, das ist eine Ebene. Da hat sie immer wieder das Kriegstrauma im Kopf und damit die Unfähigkeit, einem anderen Menschen etwas zu geben. Genauso ist es meiner Mutter unmöglich, sich von etwas zu trennen. Schon ein altes Kleid wegzuwerfen, macht große Probleme, sie kann es einfach nicht. Selbst, wenn es nie wieder passen wird. Oder ein altes Brot. So hortet sie alles Mögliche in ihrem Haus. Oft genug habe ich ihr angeboten, ihr beim Aufräumen zu helfen, aber sie will es nicht wirklich. Viele Kriegskinder haben das gleiche Problem, sie könne sich alle von nichts trennen.

„Vielleicht ist mir die Bedeutung meiner Mutter für mich erst bewusst geworden, nachdem sie nicht mehr da war. Bei manchen Sachen überlege ich jetzt, wie sie das gesehen oder entschieden hätte." Das schreibt mir meine Freundin Ulrike und sie trifft damit den Nagel auf den Kopf. Mutter und Tochter sind Rivalinnen solange sie leben und erst der Tod hebt diese Abgrenzung für immer auf. Zu wenige oder die falschen Fragen gestellt zu haben, das wird vielen Töchtern erst nach dem Tod der Mutter klar.

Die Erfahrung des Mysteriums des Todes ist dann so überwältigend, dass sich die Sichtweise für die Tochter verschiebt. Sicher ist das ein Prozess, der für mich gerade erst beginnt. Aber ich sehe ihm gespannt entgegen und bin offen für alle Veränderungen, die er mit sich bringt. So knallen jetzt gerade, während ich dies schreibe, draußen die Silvesterböller: Das neue Jahr beginnt und ich gehe auf eine spannende Reise. Eine ganz andere, als die Reisen meiner Mutter. Eine Reise nach innen. Ohne Fotos und ohne Fotoalbum. Aber mit Worten, die den Weg beschreiben können. Gut, dass ich angefangen habe, die Worte dafür zu finden. „Ende oder neuer Anfang", das ist das Motto für mich in diesem kommenden Jahr. Ich freue mich darauf. Meine

Mutter wird bei diesem Prozess immer bei mir sein. Und in Gedanken werde ich mit ihr darüber diskutieren.

2. Die Fliegen kommen schon

„Ich fühle immer, dass ich schon fast tot bin!", sagt meine Mutter in jedem Sommer, wenn sich die Schmeißfliegen auf die offenen Wunden an ihrem Bein setzen. Sie sitzt so gerne in der Sonne, auf der Terrasse ihres kleinen Holz-Gartenhäuschens, ganz dicht am Pool, in dem sie bei gutem Wetter mehr als zwanzigmal am Tag badet. Das offene Bein hält sie in die Sonne, weil sie meint, dass ihr das gut tut. Wenn nur die Fliegen nicht wären.

Viele Jahre quält sie sich mit diesen offenen Beinen herum. Erst mit einer kleinen Stelle, na, das wird schon wieder weggehen. Es geht aber nicht weg, wird schlimmer. Erst links am linken Fuß, später dann auch rechts. Irgendwann ist dann auch der rechte Fuß dran. Wie viele Ängste meine Mutter hat, dass man ihr irgendwann den ganzen Fuß abnimmt oder beide Füße, das sagt sie, glaube ich, nur mir.

So ganz offiziell klagen, das ist nicht ihre Sache. Geboren 1928, zählt sie nach der wissenschaftlichen Erkenntnis zu den traumatisierten Kriegskindern. Die älteren Menschen klagen nicht, die machen auch keine Therapien. Die erzählen nicht einmal ihren Hausärzten oder Anwälten, wie schlecht es ihnen wirklich geht. Der Arzt Michael, ein guter Freund von mir, kommt oft zu ihr, kontrolliert den Blutdruck, macht immer Hausbesuche, weil sie große Mühe hat, Treppen zu steigen. Auch der Anwalt Matthias, den ich ihr vermittle, kommt zu ihr in den Garten. Es fällt ihr schwer, zu gehen. Hätte meine Mutter die Ärzte und Anwälte öfter besucht und über ihre Leiden geklagt, sicher wäre es dann auch aktenkundig geworden, wie schlecht es ihr wirklich ging. Aber so kann man denken, dass sie sich damit abgefunden hat, so reduziert zu leben.

Reisen macht sie mit ihrem Mann ganz oft, das ist so ein kleines Fenster von Freiheit, was ihr noch bleibt. Doch die wirkliche Freiheit ist auch das nicht. Die beiden reisen in den Jahren bis 1990 - sie hat als Lehrerin viele Ferien und ihr Mann als Polizist kann auch eine Menge Urlaub nehmen - sehr oft mit dem PKW mit Wohnwagen bis ganz nach Italien runter. Dort, wo es ihnen gefällt, fahren sie auf einen Campingplatz und da bleiben sie dann. Oder sie fahren wieder weiter. Freiheit eben.

Von dieser Freiheit bleibt nicht viel nach dem Unfall. Meine extrem freiheitsliebende Mutter muss sich reduzieren auf komplett organisierte Busreisen, wo man ihr den Rollstuhl vors Hotel stellt und der Rest vom Veranstalter geregelt wird. Vorbei die Zeiten der freien Wahl, vorbei auch die Zeiten, wo man irgendwo anhalten kann, wo es gefällt. Es bleibt der vorprogrammierte Massentourismus mit all seinen Schattenseiten: Mal zehn Minuten Fotopause und dann weiter. Für meine Mutter eine ständige Qual. Darüber hinaus muss sie diese Art zu reisen auch noch vehement verteidigen gegen alle, die etwas Kritisches dagegen sagen. So hat der Unfall insgesamt nicht nur körperliche, sondern auch sehr weitgehende seelische Folgen, unter denen sie tapfer bis zu ihrem plötzlichen Tod leidet. Und ihr Tod heißt jetzt sicher nur: „Ich kann jetzt nicht mehr, ich habe keine Kraft mehr!"

Geboren wird meine Mutter 1928, auf dem Höhepunkt der goldenen Zwanziger. Im gleichen Jahr schreibt ein junger Autor, Erich Kästner: „Der Mensch ist gut". Die Welt tanzt auf dem Vulkan, noch ist das Verhängnis eines zweiten Weltkrieges nicht in Sicht, obwohl man das Trauma des ersten noch gar nicht bewältigt hat. Auch hier wird schon viel zu viel geschwiegen. Irmgard Annelore wird das Kind genannt, das am 15. August im Sternzeichen des Löwen in Gumbinnen in Ostpreußen geboren wird. Der Name Annelore ist ein Versehen, sie sollte eigentlich Irmgard Hannelore heißen, aber der Standesbeamte verhört sich. Die Eltern, Luise und Wilhelm Nern, leben seit vielen Generationen in dieser Gegend. Luise Saddick, geboren 1888 (im „Dreikaiserjahr"), hat nur eine Schwester, Minna. Wilhelm Nern, geboren 1886, kommt aus einer größeren Familie, er hat vier Geschwister: Otto, Fritz, Auguste und Minna.

Meine Mutter ist das dritte Kind ihrer Eltern. Die erste Tochter stirbt im Alter von einem Jahr an Diphterie. Das ist 1912 eine sehr gefährliche Krankheit, gegen die es noch keine Waffe gibt. Es sterben viele

Kinder daran. Danach, etwa ein Jahr später, wird Erna geboren, meine Tante. Am 23. Juni 1913 kommt sie zur Welt. Knapp ein Jahr später beginnt der erste Weltkrieg, die erste Katastrophe des zwanzigsten Jahrhunderts. Meine Oma, die den Verlust des ersten Kindes sicher noch gar nicht verarbeitet hat, muss mit meiner Tante im Kinderwagen zu Fuß nach Westen fliehen, der Mann ist im Krieg und kann ihr nicht helfen. Tante Erna ist also auch ein richtiges Kriegskind, das bis zum 11. November 1918 ihre ersten fünf Lebensjahre in Kriegszeiten verlebt. Viel bekommt man davon aber wohl in Ostpreußen nicht mit. Auch der Zweite Weltkrieg ist dort erst sehr spät gefährlich. Ostpreußen ist ein ruhiger Landstrich mit viel Landwirtschaft und einer meist bäuerlichen Bevölkerung. Hunger muss dort selbst in den Kriegsjahren niemand leiden. Erst ganz zum Ende des Krieges wird die Not spürbar. Als meine Mutter geboren wird, ist meine Tante schon fünfzehn Jahre alt und es ist ihr, wie sie mir oft erzählt, furchtbar peinlich, mit dem Kinderwagen und der kleinen Schwester darin durch den Ort zu gehen. Gumbinnen ist schließlich eine Kleinstadt, in der sicher wie in allen Kleinstädten viel getratscht wird.

Immer, wenn ich mit meiner Mutter über ihre Kindheit sprechen will, blockt sie ab. Sie könne sich an nichts mehr erinnern, meint sie dann immer. Ich kann mich dagegen schon an sehr frühe Ereignisse erinnern. Was dann natürlich immer dazu führt, dass meine Mutter behauptet, so etwas könne gar nicht sein. Sie kann sich das wohl einfach nicht vorstellen. Eine Ursache vieler heftiger Konfliktgespräche ist das dann später. Sie sagt, erst so etwa mit zwölf Jahren setzen ihre Erinnerungen ein. Da fängt sie auch an, ihr Tagebuch zu schreiben. Schuld daran ist möglicherweise das Kriegstrauma: Elf Jahre alt ist sie, als der Zweite Weltkrieg beginnt. Bis dahin hat sie eine gut behütete Kindheit. Meine Großmutter hat vor ihrer Heirat sogar einen Beruf gelernt, sie ist eine begabte Schneiderin. Das ist nicht selbstverständlich in den ersten Jahren des vergangenen Jahrhunderts. Mein Großvater, gelernter Zimmererpolier, ist später in der Verwaltung von Gumbinnen tätig. Eine gut bürgerliche Existenz haben die beiden sich also dort aufgebaut, weg vom harten Leben der Bauern und Handwerker hin zum zwar einfachen, aber besser bezahlten Leben in der Verwaltungsebene.

Fast alles, was ich über diese Zeit in Gumbinnen weiß, erfahre ich von meiner Tante. Sie erlebt die Zeit viel intensiver, ist älter und gibt vieles an mich weiter. So höre ich in den ersten Jahren meiner Kindheit in den frühen 50er Jahren eigentlich immer nur, wie schön es in Ostpreußen ist. Die verlorene Heimat ist ein ständiges Thema bei uns und das hinterlässt bei mir das damit verbundene Gefühl, dass es hier in Schleswig-Holstein zwar ähnlich ist, aber dass es nie so schön sein würde, wie dort.

Es macht mich dann auch immer traurig, mit meinen drei Frauen zu leben, zu reden und ihre ständige Traurigkeit zu spüren. Meine Oma redet allerdings ebenso wenig darüber wie meine Mutter. Ich habe also drei schwer traumatisierte Frauen um mich herum, zwei davon können ihre Trauer nicht einmal in Worte fassen, so schwer wiegt sie. In dieser Zeit entwickle ich mich zum immer fröhlichen Clown, der ständig alle bei Laune hält. Wie es dabei in mir aussieht, wird auf diese Weise gut versteckt.

Als der Krieg 1944 immer näher rückt und es auch im beschaulichen Ostpreußen gefährlich wird, muss die Familie flüchten. Es geht zunächst einmal auf die Kurische Nehrung - nach Nidden. Da machen meine Mutter und meine Tante dann ganz bewusst ein letztes Mal Urlaub. Sie wissen da schon sehr genau, dass sie danach nie wieder zurückkommen werden. Meine Tante ist zu dem Zeitpunkt 31 Jahre alt, meine Mutter dagegen erst siebzehn. Ein gewaltiger Unterschied, vor allem, was die spätere Sehnsucht nach der „kalten Heimat" betrifft. Meine Tante erzählt mir immer davon, von meiner Mutter dagegen kommt fast gar nichts. Sie hat mit dem Thema angeblich abgeschlossen und will davon natürlich überhaupt nichts mehr hören. Zu hart ist dieser Einschnitt des Krieges in ihr verträumtes Leben, dann die Flucht, alles zusammen so schmerzlich, dass sie es ein Leben lang verdrängt. Aber lassen wir sie selber zu Wort kommen. Sie verfasst für ihr Examen 1953 - damals kann man noch in nur vier Semestern Grundschullehrerin werden - einen Lebenslauf. Darin steht vieles von dem, was sie angeblich gar nicht mehr weiß.

3. Lebenslauf meiner Mutter 1953

„Meine ersten Lebensjahre verbrachte ich in Gumbinnen, einer kleinen ostpreußischen Regierungsstadt. Da meine Eltern nicht weit vom Stadtrand entfernt wohnten, kam ich schon sehr früh mit der Natur in Berührung und habe auch bis heute zu ihr ein sehr enges Verhältnis behalten. Mein Vater, der sehr gerne wanderte, nahm mich oft mit und zeigte mir viele Dinge, Pflanzen, Tiere und immer wieder die Schönheiten der Landschaft. Er malte sehr gern und ließ mich oft dabei zuschauen, so daß ich schon früh einen Blick für besonders malerische Dinge bekam. Ich fing schon vor meiner Einschulung an, selber zu malen, Märchenszenen, allerlei Erlebnisse aus meinem Alltag und Menschen bei allen möglichen Beschäftigungen. Neben dem Malen bereitete mir auch das Vorlesen eine große Freude. Ich erinnere mich noch besonders deutlich daran, daß meine Mutter oder meine ältere Schwester mir im Winter in der Dämmerstunde oft Märchen und Geschichten erzählten oder vorlasen, während draußen die Schneeflocken herabfielen und der Wind um das Haus heulte.

Mit der Einschulung im Frühling 1935 begann für mich ein neuer Lebensabschnitt. Ich nahm die Schule sehr ernst und tat mit großem Eifer meine Pflicht. Im vierten Schuljahr machte es mir besondere Freude, eine Mappe über meine Heimat Ostpreußen anzufertigen. Ich sammelte Postkarten aus allen Teilen des Landes, malte Burgen und Schlösser, schrieb Aufsätze über die wichtigsten und über die schönsten Gebiete und suchte passende Gedichte aus. Während ich später, als wir aus Ostpreußen fliehen mussten, all meine Spielsachen im Stich ließ, nahm ich diese Mappe mit. Die Umschulung Ostern 1939 brachte wieder neue Aufgaben. Besonderes Interesse hatte ich an Deutsch, Erdkunde und Fremdsprachen. In Erdkunde zeichnete ich mit großem Eifer Karten in meine Hefte und schrieb dazu lange Aufsätze. Im Deutschunterricht begann mich die Dichtung mehr und mehr zu interessieren. Ich las viele Gedichte, schrieb sie auf und klebte Kunstpostkarten dazu. Auch Novellen, Erzählungen und kürzere Romane las ich. Mit vierzehn Jahren beeindruckte mich Goethes Faust I sehr tief. Ich besuchte damals auch sehr gern Konzerte und hörte besonders gern Mozart, Schubert, Schumann, R. Strauß und Beethoven.

Einen großen Einschnitt in mein Leben brachte der Beginn des Krieges. Ich war damals elf Jahre alt. Noch heute kann ich mich deutlich an den ersten Tag erinnern, an die Luftschutzsirenen, die Morgennachrichten im Radio, die erschrockenen Gesichter meiner Eltern und den Kanonendonner, der von der polnischen Grenze herüberdröhnte. Ich konnte es nicht begreifen, warum Kriege nötig waren. Es hat mich unbeschreiblich erschüttert, als ich zum ersten Mal die verwundeten Soldaten auf dem Bahnhof sah und von den ersten Gefallenen in unserem Verwandten- und Bekanntenkreis hörte. Ich bin damals sehr ernst geworden und habe viel über den Sinn des Lebens nachzudenken versucht. Zusammen mit anderen Kindern aus meiner Schule mußte ich täglich Lazarettdienst machen, für die Verwundeten kleine Besorgungen machen, Briefe schreiben, auf dem Bahnhof Essen an die Verwundeten bringen, Päckchen packen und an die Front schicken und vieles mehr. Wir waren mit unseren zwölf Jahren eigentlich gar keine Kinder mehr.

Die erste Berührung mit dem Krieg brachte der Beginn des Rußlandfeldzuges. Innerhalb eines halben Tages sollte die Stadt von Frauen und Kindern geräumt werden, weil die Front nur etwa 30 Kilometer entfernt war. Ich war damals dreizehn Jahre alt. Meine Eltern blieben in Gumbinnen, während ich zu meiner Schwester fuhr, die seit ihrer Verheiratung 1940 in der Niederlausitz wohnte. Ich blieb während der Sommerferien bei ihr und erlebte einige Wochen, die mir wie tiefster Frieden erschienen. Wir machten Spaziergänge, fuhren ins Riesengebirge oder hielten uns zu Hause auf und verbrachten die Zeit mit Lesen oder Musikhören.

Als ich wieder nach Gumbinnen zurückkam, war ein großer Teil der Stadt von Bomben zerstört. Ich konnte lange nicht an den Trümmern vorbeigehen, ohne ein Grauen zu verspüren. Als die Ostfront weiter nach Rußland verschoben wurde, war es in Ostpreußen wieder ruhiger geworden. Ich ging zur Schule, machte Kriegsdienst, las zu Hause während meiner Freizeit und besuchte Konzerte. Das Leben ging wieder seinen gewohnten Gang. Im Sommer verreiste ich mit meiner Schwester an die See oder ins Gebirge.

1944 war das letzte Jahr, das ich in Ostpreußen verbrachte. Ich war damals viel unterwegs - in Masuren, an der Ostsee und während der Sommerferien auf der Kurischen Nehrung. Meine Schwester wohnte wieder in Gumbinnen, weil ihr Mann in Rußland gefallen war. Wir waren uns während unserer Reisen durch Ostpreußen alle dessen bewußt, daß wir die letzten Tage in unserer Heimat verbrachten. Überall, wo wir uns aufhielten, nahmen wir Abschied für immer. Im August 1944 war der Kanonendonner wieder so stark wie zu Kriegsbeginn. Niemand durfte mehr ohne besondere Erlaubnis die Stadt verlassen, die Angst vor dem Krieg belastete uns sehr. Schließlich gelang es meiner Schwester, eine Ausreisegenehmigung zu erhalten und wir fuhren wieder in die Lausitz, während meine Eltern dableiben mußten. Im Herbst 1944 zogen wir nach Norddeutschland. Dort wohnten wir zunächst bei Stralsund, in einem kleinen Dorf, das von Heide und Wald umgeben war, und fuhren von dort häufig nach Stralsund, Rügen und Hiddensee. Überall erlebten wir wenig vom Krieg, während er uns eines Tages wieder begegnete, während eines schweren Bombenangriffs auf Stralsund. Ich konnte noch lange nicht den Anblick der brennenden Häuser, der Trümmer, der Toten oder Verwundeten vergessen. Ich haßte den Krieg und wünschte sehnlichst, daß diese dauernde Bedrohung der Menschen ein Ende haben möchte.

Da ich nach den Herbstferien wieder zur Schule mußte, zogen meine Schwester und ich nach Greifswald, wo wir bis zum Frühjahr 1945 blieben. Ich besuchte aber nur etwa einen Monat lang die Schule und wurde dann wieder zu Kriegsdiensten herangezogen, diesmal, um den durchreisenden Flüchtlingen zu helfen. Auch meine Eltern kamen etwa im Dezember 1944 nach Greifswald, weil Ostpreußen inzwischen fast vollständig geräumt war. In Greifswald verlebten wir das letzte gemeinsame Weihnachtsfest. Nach Weihnachten mußte mein Vater noch einmal nach Ostpreußen zurück. Er starb dort im Januar 1945 auf der Flucht. Meine Mutter, meine Schwester und ich verließen Ende April 1945 Greifswald, weil die russischen Truppen bereits bis zur Oder vorgedrungen waren. Am 1. Mai 1945 kamen wir nach Schleswig und fanden in Busdorf bei Schleswig Unterkunft. Der Krieg war für uns zu Ende. Nach der Kapitulation hatte ich Gelegenheit, die nähere schöne Umgebung meines neuen

Aufenthaltsortes ein wenig kennenzulernen.

Erst im Herbst 1945 begann die Schule wieder. Nach einer Pause von etwa 1 ½ Jahren war es nicht ganz leicht, den recht hohen Anforderungen gerecht zu werden. Es gab weder Bücher noch Hefte. Dennoch machte uns das Lernen Freude, weil wir dankbar waren, uns wieder mit Dingen beschäftigen zu können, die nicht mit dem Krieg zusammenhingen. Einen besonders tiefen Eindruck machte auf mich vor allem die Begegnung mit der modernen Kunst. Besonders in der Oberprima hatte ich Gelegenheit, mich mit moderner Dichtung, Musik und Malerei in den freiwilligen Arbeitsgemeinschaften zu beschäftigen. Als ich zum erstenmal Hindemiths Sinfonie ‚Mathis der Maler' hörte, war das für mich ein unvergeßliches Erlebnis. Ich besuchte damals auch sehr häufig die Domkonzerte in Schleswig und hörte dort Werke von Bach. In meinem Bekanntenkreis hatte ich oft Gelegenheit, an Hausmusikabenden teilzunehmen oder in einem Kreis junger Menschen die verschiedenen Probleme der Nachkriegszeit zu diskutieren. Dort lernte ich auch meinen Mann - einen expressionistischen Berliner Maler - kennen, als er einen Vortrag über moderne Malerei hielt und seine eigenen Bilder zeigte. Schon in der Schule hatte ich mich viel mit moderner Malerei beschäftigt, so daß ich mit großem Interesse an den Arbeiten dieses jungen Malers Anteil nahm. Im März 1949 bestand ich mein Abitur. Ich gehörte dem sprachlichen Zweig an und hatte als Wahlfächer Kunstgeschichte, Geschichtsphilosophie, Musik und Biologie. In Geschichtsphilosophie interessierte mich besonders Spenglers ‚Untergang des Abendlandes', in der Biologie-Arbeitsgemeinschaft vor allem die Psychologie.

Nach dem Abitur konnte ich nicht, wie es mein Wunsch war, Germanistik studieren, weil die finanziellen Mittel für ein Studium fehlten. Ich mußte versuchen, selber Geld zu verdienen und entschloß mich, zunächst in den Buchhandel zu gehen, weil der Umgang mit Büchern meinen Interessen sehr entgegenkam. Kurz nach der Beendigung der Schule heiratete ich. Den Buchhandel mußte ich nach einem halben Jahr wieder aufgeben, weil ich ein Kind erwartete. Im November 1949 wurde meine Tochter Gabriele geboren. Mein Mann empfand diese Bindung aber als hemmend und für seine Arbeit sehr störend, so daß wir uns bald nach der Geburt unseres Kindes wieder trennten. Im Frühjahr 1951 wurde die Ehe geschieden.

Die Beschäftigung mit meinem Kind weckte in mir ein Interesse an Kindern überhaupt und an die damit verbundene Erziehungs- und Bildungsarbeit, so daß ich mich entschloß, den Lehrerberuf zu ergreifen. Ich begann 1951 mit dem Studium an der Pädagogischen Hochschule in Kiel und wählte Deutsch als Hauptfach. Während des Studiums habe ich mich sehr intensiv mit Rilkes Werken beschäftigt, vor allem mit seinen Duineser Elegien und den Sonetten an Orpheus, über die ich auch meine Examensarbeit schrieb. 1953 legte ich meine erste Lehrerprüfung ab und begann im April in Kiel-Ellerbek meinen Schuldienst. Es war für mich als Frau sehr schwer, mich in den Oberklassen einer Jungenschule durchzusetzen, aber im Laufe der Zeit ist es mir doch gelungen, das Vertrauen der Jungen zu gewinnen, und meine Arbeit hat mir Freude gemacht. Ich habe mir immer sehr viel Mühe gegeben, die mir anvertrauten Kinder zu verantwortungsbewußten jungen Menschen zu erziehen. Aus diesem Bemühen bin ich zu meiner Arbeit über Dichtung als Lebenshilfe gekommen."

4. Dunkle Geschichten in meiner Seele

Viele Geschichten in meiner Familie ranken sich um die Flucht. Erzählt werden sie in den 50er Jahren ständig. Gut ist es für meine drei Frauen, dass sie schon so früh im Herbst 1944 von Ostpreußen weg gehen können und nicht warten, wie so viele, bis sie dann im eiskalten Januar 1945 vor den anrückenden russischen Truppen Richtung Westen fliehen müssen. Der NS-Gauleiter Koch verbietet der gesamten ostpreußischen Bevölkerung Reisen und Flucht. Er selber allerdings setzt sich schon früh ab und überlässt das Land dem Untergang. Sehr viele Menschen machen sich somit viel zu spät auf den Weg nach Westen und so können viele von ihnen die Dunkelheit und die eisige Kälte während der Flucht nicht überleben. Sie sind ohnehin schon so sehr geschwächt, weil es kaum noch etwas zu essen gibt. Besonders Kinder und alte Menschen geben sich am Straßenrand in Eis und Schnee einfach auf.

Meine drei Frauen sind also schon weit im Westen in Greifswald und als auch dort der Kanonendonner der nachrückenden Russen zu hören ist, bekommen sie einen Platz auf einem Lastwagen. Der hat auch einen Anhänger und beide Ladeflächen, die vordere und die auf dem Anhänger, sind brechend voll mit Menschen. Nur das Nötigste kann mit auf den Wagen. Alle müssen sich nochmals von wichtigen Dingen trennen, es ist einfach kein Platz für die vielen Koffer. Sicher muss auch meine Mutter sich erneut von Dingen trennen, die ihr sehr wichtig sind. Die Fotoalben und das Silberbesteck können mit. Aber so wird für sie das Thema „Trennung, Abschied" für ein ganzes Leben lang sehr bedeutend. Sie kann sich ein Leben lang nicht trennen, von nichts, niemals.

Der Fahrer des LKW kennt sich sehr gut aus mit den Küstenstraßen. Er fährt nur nachts und vor allem auf Schleichwegen, die von den nach Westen strömenden Flüchtlingstrecks nicht verstopft sind. Kurz vor Lübeck kommt er in einem großen Schlagloch ein wenig von der Straße ab und die Deichsel des Anhängers bricht ab. Nicht einen Moment zögert der Fahrer, er dreht sich nicht um und wahrscheinlich macht er sich auch keine weiteren Gedanken um die Menschen auf dem Anhänger: Er rast einfach weiter. Den Blick starr geradeaus. Glück haben meine Frauen, dass sie vorne sitzen, sonst wären sie nie in Schleswig angekommen. Nicht einmal in Lübeck.

Warum nun mein Großvater aus Greifswald noch einmal nach Gumbinnen zurückkehrt, weiß wohl nur er. Die Cousine meiner Mutter, Tante Trude (sie ist die Tochter von Bruno und Minna Müller, der Schwester meiner Großmutter), erzählt mir einmal, dass er zurückgefahren sei, um wichtige Akten aus der Verwaltungsbehörde vor dem Zugriff der Russen zu retten. Mit dem ganzen Krieg hat er überhaupt nichts mehr zu tun: Er ist 1939 schon zu alt, um zu den Soldaten zu gehen. Auch für die letzten Aufgebote wird er nicht gezogen, da er dann schon fast 60 ist. So ist es absolut nicht nötig, als Ehemann und Vater von zwei jungen Frauen sich so in diese tödliche Gefahr zu begeben. Die drei Frauen völlig schutzlos alleine zu lassen. Was genau passiert, weiß niemand. Tante Trude erzählt von Zeugen, die ihn gesehen haben wollen irgendwo bei Elbing in der Danziger Bucht, als er Kisten zunagelt für Bekannte. Dort soll er sich mit einem rostigen Nagel verletzt haben und ein paar Tage später an einer Blutvergiftung gestorben sein. Im Januar 1945. Vielleicht ist das Ganze aber auch nur so eine von diesen frommen, familiären Lebenslügen, die es wohl überall gibt. Es kann nämlich auch ganz einfach so gewesen sein, dass ihn die schnellstens nachrückenden russischen Soldaten erschießen auf der Flucht. Und man will das der Ehefrau und den beiden jungen Töchtern so nicht sagen. Mich hat diese Geschichte sehr bewegt und meine ständig tags und vor allem nachts überschäumende Fantasie tut ein Übriges: Ich weiß, dass man eine Blutvergiftung daran erkennt, dass sich an dem verletzten Arm ein dicker roter Streifen blutunterlaufen bis hin zum Herzen hinauf bildet. Meine ganze Kindheit hindurch sehe ich immer bei jeder noch so kleinen Schramme besorgt auf meine Arme und Beine, ob sich da eventuell schon so ein Streifen bildet.

Meine Mutter schreibt ihren Lebenslauf als 25jährige in sachlichen, zum Teil sehr distanzierten Worten. Was es aber für einen so jungen Menschen bedeutet, die Heimat zu verlieren, die Schule, die Freunde, das Zuhause, das bisschen Eigentum, das schimmert nur wenig durch. Daher kommt sie hier später wieder selbst zu Wort, mit den Einträgen aus ihrem Tagebuch. Ich versuche mir vorzustellen, was für Nerven die Mutter und die Tante haben: Sie fahren 1944 nochmal in aller Ruhe in die Sommerfrische auf die Kurische Nehrung, nach Nidden, und in dreißig Kilometern Entfernung wummern die Kanonen, ist die Front, wird gekämpft, getötet und gehungert. Wie können die beiden das genießen? Wie können sie das ertragen, wissend, dass es ein Abschied für immer ist? Was macht das mit einem Menschen ein Leben lang mit dem Thema „Abschied"?

Meine Mutter sammelt ständig alles Mögliche: Zeitungsauschnitte, Tagebücher, kleine Texte, Fotos in Unmengen, Puppen, Musik, Opern-Videos, Schmuck, Kleidung. Obwohl ihr jeder Abschied schwer fällt, verreist sie häufig, mit jedem Lebensjahr werden es mehr Reisen. Fünfzehn waren es in ihrem letzten Lebensjahr. Und dabei sind Wochenendtrips noch nicht einmal mitgezählt. Und ihr Mann Heinz, den ich für seine Geduld bewundere, der muss mit. Langsam mache ich mir Sorgen um ihn, oft denke ich, dass er das Pensum gar nicht mehr möchte und auch gar nicht mehr schafft. Die ständigen Abschiede, die werden immer schwerer, aber das alte Trauma kann meine Mutter natürlich auf diese Weise nicht wirklich aufzulösen. Wegfahren von zu Hause, das kann sie eigentlich gar nicht ertragen. Und dann, im Urlaub, wieder wegfahren, nach Hause zwar, aber in ein zu Hause, dass ganz tief im Herzen keines ist. In dem sie aber doch noch viele Jahre lebt nach der Flucht aus der Heimat. Und wieder Abschied, und wieder eine neue Reise buchen. Damit das alte Trauma wieder und wieder gelebt wird. Als wenn man es damit bannen könnte.

Wie kann man nur seine Gefühle so von sich abtrennen, dass sie ein Leben lang nie wieder zugegeben werden können? Meine Mutter ist nach der Öffnung der Grenzen noch einmal in der alten Heimat, viel später als ich. Zunächst schlage ich ihr vor, dass sie mit mir zusammen fährt, was sie vehement ablehnt. „Was willst du denn da?", fragt sie mich und sie will auch wissen, was sie denn da wohl machen solle. „Ich lebe jetzt, was interessiert mich die Vergangenheit?", meint sie nur. „Na, die kalte Heimat kennen lernen will ich", lache ich sie an, „habe ja schließlich meine ganze Kindheit hindurch nichts anderes gehört, als die Geschichten aus Ostpreußen".

„Das stimmt doch gar nicht!", protestiert sie natürlich, denn sie hat mir in der Tat nichts erzählt, also weiß sie das ja auch gar nicht. Und was sie nicht weiß, existiert für sie nicht. Dass ich das ganz anders erlebe, will sie ein Leben lang nicht wahrhaben. Protest ist einer von vielen Zwängen, die unser familiäres Zusammenleben nicht einfacher machen.

Ich aber weiß eine ganze Menge über das alte Ostpreußen und so fahre ich mit dem ersten Bus, der 1991 über die frisch geöffnete Grenze in die russische Enklave Kaliningrad fährt. In das Land, das unter russischer Verwaltung für niemanden mehr zugänglich war. Viele, die dort geboren sind und die sich jahrzehntelang danach verzehren, die können nie zurück. So wie meine Tante, die ich gerne mitgenommen hätte. Sie stirbt 1986, drei Jahre vor dem Fall der Mauer. Für sie wäre es das absolute Lebensglück gewesen, dort noch einmal zu sein. Für meine Mutter ist es das nicht: Sie ist da, fast ein Jahr nach mir. Ich zeige ihr nach meiner ersten Reise die Fotos von Gumbinnen. Sie, die sonst das Fotografieren bis zum Exzess betreibt (pro Reise fotografiert sie an die zehn Filme mit je 36 Aufnahmen, dazu kommen noch Aufnahmen mit der Filmkamera), sie nimmt diese Fotos kaum wahr. Kann es nicht zulassen, kann sie sich nicht einmal ansehen. Geht nur ganz flüchtig darüber hinweg. Dann ist das Thema durch. Ich bin zunächst sehr erstaunt, dann denke ich nach und verstehe es besser. Der Anblick muss für sie so schmerzhaft sein, dass sie es nicht erträgt.

Ein Jahr später frage ich sie wieder: „Willst Du nicht mit mir fahren? Es gibt da wieder so eine Busreise." Sie will nicht. Auf gar keinen Fall. Dann sagt sie einen Monat später ganz plötzlich, dass sie nach Ostpreußen fährt mit ihrer Freundin Cordelia. Die ist auch ein Marjellchen, aus Königsberg. Ein 1927er Jahrgang. Die beiden haben sich als ganz junge Frauen kennen gelernt in der Kieler PH beim Studium. Ich mag Cordelia sehr gerne, sie begleitet meine gesamte Kinder- und Jugendzeit und wir reden auch später, als ich schon erwachsen bin, immer viel und gerne miteinander. Sie ist oft bei meiner Mutter zu Besuch, bleibt auch manchmal über Nacht. Ich verstehe mich immer mit ihr sehr gut, sie vertritt oft eine ähnliche Meinung wie ich. Inzwischen lebt auch sie leider nicht mehr, gerade war ich auf ihrer Beerdigung in Lübeck.

Sie fahren dann tatsächlich nach Ostpreußen, die beiden Marjellchen. Sie machen auch einen Abstecher nach Gumbinnen: Meine Mutter hält es in ihrer Heimatstadt ganze fünfzehn Minuten aus. Dann muss sie weg. Das erzählt sie mir. Sie erzählt auch, dass ihr alles ganz fremd vorkommt, als sie vor ihrem Haus steht in der Gartenstraße 16. Das Haus ist ein heller Neubau. Sie kann es überhaupt nicht ertragen. Das erzählt sie mir natürlich nicht.

Die beiden fahren dann auf die Kurische Nehrung nach Nidden und bleiben dort. Das kann meine Mutter viel mehr genießen, dort hat sie schließlich die angenehmen Urlaubserinnerungen vieler Reisen an die Ostsee und dazu die Erinnerungen an ihre erste große Liebe. Dort hat sich ja auch kaum etwas verändert. Die hohen Dünen sind noch da und die Kiefernwälder ebenso. Auch die riesigen, massigen Elche stehen ruhig in den Wäldern wie eh und je. Sie kommt mit Fotos zurück, die mich an die Fotos meiner Kinderzeit erinnern: So hängt der berühmte Italienblick von Nidden zusammen mit ein paar Fotos von den Fischern, den Kurenkähnen mit ihren Wimpeln und den am Wasser aufgehängten Netzen lange Zeit bei meiner Tante im Wohnzimmer über der Couch. Sehnsuchtsfotos eben, mein ganzes junges Leben lang. Verlorene Heimat, rund um mich herum. Alles verloren, und das für immer.

Gumbinnen, das heutige Gusev, das erträgt meine Mutter nicht. Zu wach und zu schmerzhaft ist da plötzlich die lebenslang verdrängte Trauer über den bitteren Verlust. Sie kann sie nicht zulassen, die Trauer, sie muss da weg. Gumbinnen hat sich natürlich verändert in den vielen Jahren, das Haus ihrer Familie gibt es nicht mehr, es gibt aber auch dort in der Umgebung fast nur noch Neubauten: Allein der gute alte Elch steht als Denkmal auf einem Platz an der Königsstraße. Früher hat er allerdings woanders gestanden, direkt neben der Brücke über die Pissa. Der kleine Fluss Pissa fließt so ruhig, als hätte es diesen furchtbaren Krieg nie gegeben. Als hätte dieses wunderschöne Land mit den alten Alleen und den dunklen Wäldern all seine Narben und die vielen Bombentrichter vergessen - das Land der dunklen Wälder und kristall'nen Seen…

Um die Pissa gibt es natürlich auch eine Menge Geschichten. Besonders beeindrucken kann mich mein Tantchen, wenn sie von den harten Wintern im alten Gumbinnen schwärmt. Eis und viel Schnee sind ganz normal dort, es gibt im Winter immer klirrende trockene

Kälte wegen des Kontinentalklimas und so gibt es dort auch immer gut zu essen. Kochen lerne ich übrigens bei meiner Großmutter und so koche ich lange Jahre immer wie die Ostpreußen: Mit viel Schmand, Butter, Mehl und Spirgelchen. Das kann ich mir leisten, ich werde einfach nicht dicker und kann dadurch auch das kalorienreiche und fetthaltige Essen der Oma gut vertragen. Ich denke mir, wahrscheinlich will ich einfach nicht so werden wie meine drei Frauen, die alle sehr korpulent sind.

Die Pissa ist im Winter immer zugefroren. Da erzählt mein Tantchen dann von den wunderschönen Momenten in ihrem Leben, wenn sie dort mit Schlittschuhen auf dem Eis mit einem Kavalier (ihrem späteren Mann) ihre Runden dreht, die Blasmusik spielt und der Kavalier sie unterhakt und mit ihr im Tanzschritt übers Eis gleitet - ganz glänzende Augen bekommt sie dann immer und die hübschen dunklen Locken fallen ihr ganz wild ins Gesicht, wenn sie davon erzählt. Ich fange dann natürlich auch mit zehn Jahren mit dem Schlittschuhlaufen an. Nur sind später unsere Kavaliere ganz anders drauf, wir spielen als Teenager lieber Kolumbus auf dem zugefrorenen Kleinen Kiel in der Innenstadt, das ist Ticker mit immer mehr Leuten, bis dann irgendwann zehn Leute sich an der Hand halten, übers Eis rasen und den letzten zu fangen versuchen. Eigentlich auch ganz romantisch, wenn man es genau nimmt. Aber die Blaskapelle am zugefrorenen Fluss, das ist dann auch so ein Sehnsuchtsbild, das sich tief in meine Seele eingebrannt hat.

Am Wochenende bin ich im Kieler Citti-Park unterwegs. Schon fast wieder auf dem Weg zum Auto, kurz vor der großen Ausgangstür, steht vor mir plötzlich ein kleiner Hinweis auf einem Plakat: „Gräbersuche online". Ich stutze und gehe wieder zurück. Am Stand vom Volksbund Deutsche Kriegsgräberfürsorge e. V. sitzt ein Herr, der sich freut, dass endlich mal jemand kommt. Ich habe eine Frage: „Was ist aus meinem Onkel geworden, dem Mann meiner Tante? Otto Auh hieß er und er wurde nur 30 Jahre alt." Das ist der Mann meiner Tante Erna, sie sind nur kurz verheiratet. Sein früher Tod und ihr langes Alleinleben verklären so eine Liebe natürlich heftig und meine Tante, die nie wieder heiratet, kann ein Leben lang davon zehren, dass jemand sie so bedingungslos geliebt hat.

Der Herr vom Volksbund findet meinen Onkel auf seinen Internet-Seiten fast sofort. Da muss er erst vor kurzem eingetragen worden sein, denn ich habe schon einmal auf dieser Seite nach ihm gesucht. Da gibt es diesen Eintrag noch nicht. Das heißt also, noch immer werden Gräber freigelegt, werden Verstorbene umgebettet, noch immer warten Menschen auf Nachrichten über ihre Angehörigen. Geburtsdatum, Todesdatum, Geburtsort, alles ist heute im Internet zu finden. Nur das tatsächliche Grab meines Onkels, das findet man offensichtlich nicht. Es wird angelegt bei der fast drei Jahre andauernden sehr unmenschlichen Belagerung von Leningrad durch die deutschen Soldaten. Die dauert vom 8. September 1941 bis zum 27. Januar 1944. Im Dezember 1942 irgendwo südlich von Leningrad ist nun wohl Ottos Grab. Trockener Text kommt auf der Internet-Seite hoch: „Otto Auh konnte im Rahmen unserer Umbettungsarbeiten nicht geborgen werden. Die vorgesehene Überführung zum Sammelfriedhof in Sebesh (Russland) war somit leider nicht möglich. Sein Name wird im Gedenkbuch des Friedhofs verzeichnet."

Meine Tante hat ein kleines schwarz-weiß-Foto von seinem Grab. Das Foto machen seine Kameraden: Ein kleines Holzkreuz mit Namen, Geburtsdatum und Todesdatum, das ist alles, was sie zugeschickt bekommt. Sicher kann der genaue Ort heute nicht mehr gefunden werden. Aber vielleicht taucht die metallene Erkennungsmarke ja doch irgendwann noch einmal auf. Der Herr vom Volksbund druckt mir alle Seiten aus und ich bedanke mich herzlich. Ganz bewegt fahre ich nach Hause. Es ist, als ob mein Onkel plötzlich wieder lebendig wäre. Am 26. Dezember 2011 ist sein hundertster Geburtstag.

5. Bombenangriff in Stralsund – knapp am Tod vorbei

Auch von Stralsund berichtet meine Mutter in ihrem Lebenslauf nur knapp und im Telegrammstil. Was da wirklich los ist, höre ich als Kind hundertmal und mehr. Sie sind in Stralsund im Hotel für ein paar Tage und besuchen die Ostseeküste. Fast wie ganz normale Touristen. Auf dem Weg zum Hotel gibt es am 06.10.1944 plötzlich Fliegeralarm. Meine Mutter ist mit Tantchen alleine unterwegs. Die will nun, ängstlich wie sie immer ist, sofort in den nächsten Luftschutzkeller in der Straße, durch die sie gerade gehen. Meine Mutter widersetzt sich heftig und besteht darauf, zum Hotel zu gehen, wo sie die paar Sachen haben, die ihnen noch geblieben sind auf der Flucht. Meine Tante gibt ihrem Willen nach, obwohl sie die Ältere ist und die beiden rennen zum Hotel zurück. Sie schaffen es gerade noch in den Keller, dann sind die Bomber auch schon da.

Bei Wikipedia liest sich das Ganze so: „Die 379th und 381st Bomber Group der 8. United States Army Air Forces hatten ursprünglich den Auftrag, das Hydrierwerk Pölitz anzugreifen. Wegen schlechten Wetters über dem Zielgebiet drehten die 110 B-17 Bomber („Fliegende Festungen") jedoch über Peenemünde ab. Für diesen Fall war als Ausweichziel die alte Hansestadt am Strelasund bestimmt worden. Um zehn Uhr hatte der Wachdienst gemeldet, dass sich aus Richtung Nordsee feindliche Fliegerverbände näherten. Um 11:55 Uhr ertönte in Stralsund Fliegeralarm wegen der aus südöstlicher Richtung einfliegenden Bomberformation. Die Menschen suchten wie schon so oft in den vergangenen Tagen die Keller auf.

Der Fliegerverband hatte die Insel Rügen überflogen und in Höhe der Stadt Bergen eine Angriffsstaffel aus zwanzig Maschinen abgesondert. Diese flog als „Spähtrupp" den anderen Maschinen voraus. Über Stralsund wurden vier Rauchbomben abgeworfen. Um

12:30 Uhr traf die erste von drei Angriffswellen die nahezu wehrlose Stadt: Da Stralsund für Deutschland als „militärisch unbedeutend" eingestuft war, verfügte die Stadt nur über wenige Flak-Geschütze. Diese konnten zudem am 6. Oktober die anfliegenden Bomber aufgrund deren Flughöhe nicht erreichen.

Die erste Welle traf gezielt das Elektrizitätswerk und die Wasserversorgung. Weitere Ziele waren der Rügendamm, das Hafengebiet, die Innenstadt und die Frankenvorstadt. In der Frankenvorstadt wurden die Reiferbahn, die Hafenstraße sowie die Straßen Kleiner und Großer Diebsteig total zerstört. Eine zweite Angriffswelle traf gegen 13:00 Uhr ein. Ziele lagen wiederum in der Innenstadt und der Frankenvorstadt. Auch die unmittelbar anschließende dritte Angriffswelle hatte diese zivilen Objekte zum Ziel. Gegen 14:00 Uhr drehten die Angreifer ab. Kurze Zeit später wurde offiziell Entwarnung gegeben."

Als meine beiden aus dem Keller wieder an die Luft kommen, sehen sie, was die Bomben angerichtet haben: Alle Häuser rund um das Hotel sind zerstört. Auch in der Straße, durch die die beiden vor dem Angriff gehen, da liegen die dicken Betonwände der Häuser schräg nach unten in den Kellern, niemand kommt aus diesen zerborstenen Luftschutzkellern heraus. Meine Tante erzählt sehr oft davon und ich kann mir in meinen jungen Jahren dieses Bild ganz plastisch vorstellen. Gut, dass die ältere Schwester da mal auf die kleine Schwester gehört hat: Meine 17-jährige Mutter rettet mit ihrem Instinkt und ihrer Angst um ihr kleines Köfferchen mit den wenigen Habseligkeiten (vor allen mit den Fotos von ihrer ersten großen Liebe Jürgen) den beiden das Leben. Am Abend des 6. Oktober fahren sie dann nach Hiddensee, wo sie sich ein paar Tage von der Angst erholen.

Wie viele Menschen genau bei diesem Luftangriff sterben, ist nicht belegt. Wikipedia berichtet von 1 000, es gibt aber auch Quellen, die von über 6 000 Menschen sprechen. Stralsund ist zu dem Zeitpunkt hoffnungslos überfüllt von Menschen. Normalerweise gibt es dort etwas mehr als 30 000 Einwohner, doch 1944 sind die Menschen aus den Ostgebieten auf der Flucht zum Teil hier untergekommen, es ist unüberschaubar, wer sich zum Zeitpunkt des Angriffs alles in der Stadt aufhält. Ebenso unüberschaubar ist die Zahl der Toten, die nach dem Angriff gezählt werden. Namentlich erfasst werden können die wenigsten.

Als ich 2010 im „Club 68" in Kiel Jürgen kennen lerne, erzählt er mir von seiner Arbeit. Er forscht gerade für das Kieler Heimatkundearchiv über genau diesen Angriff in Stralsund und er meint, es sei überhaupt nicht klar, warum überhaupt diese Stadt bombardiert wurde. Es gibt da nichts, was wichtig und eventuell kriegsentscheidend gewesen wäre. Also möglicherweise nur ein dummer Zufall? War das schlechte Wetter über Peenemünde schuld, dass meine gesamte Familie fast ausgelöscht wurde? Na ja, meine ist gut, mich gäbe es dann ja nicht. Wie überhaupt meine Existenz und die meiner Kinder in dieser Zeit am seidenen Faden hängt. Allerdings ist eines auch klar: Ohne diesen Krieg gäbe es mich sowieso nicht, denn mein Vater Werner und meine Mutter hätten sich in Ostpreußen sicher nicht kennen gelernt. Mein Vater stammt aus Berlin und hätte dieses „Provinznest" Gumbinnen - Provinznest nennt er immer spöttisch meine Heimatstadt Kiel - bestimmt nie besucht.

Jürgen ist 1927 geboren. Der hat aber sein Lebenstrauma ganz anders bewältigt, er beschäftigt sich auch heute noch mit derartigen Fragen und bannt dadurch das Böse in einen angemessenen Raum. Manchmal erzählt er als Zeitzeuge vor größerem Publikum von seinen Erlebnissen als junger Flakhelfer im zerstörten Kiel.

Gerne sitzt er im „Club 68". Dort debattiert er mit Holger, der seit 1968 Wirt und Mentor ist in dieser Kieler Institution. Sie sprechen über moderne Kunst und Jürgen nimmt lebhaft an der Welt teil. Vor allem macht es ihm Spaß, sich mit jüngeren Menschen zu unterhalten und dadurch herauszufinden, wie sie denken. Ich erzähle ihm von meiner gerade erst verstorbenen Mutter und davon, dass sie in diesem Angriff 1944 fast ums Leben gekommen wäre. Ich glaube, in dem Moment hat er mich sofort in sein Herz geschlossen. Ich mag seine enorm lebendige Art zu fragen - als Anwalt hat er ein Leben lang anscheinend immer die richtigen Fragen gestellt. Und heute beschäftigt er sich ganz entspannt mit der Vergangenheit. Das ist ein guter und richtiger Weg, um das vergangene Jahrhundert richtig einzuordnen und seine Rolle dort zu finden. Ich denke, er bewältigt auf diese Weise auch seine eigene Geschichte. Wenn das nur jeder so könnte!

6. Eine tiefe Verbindung wird wieder möglich

Auch Brigitta hat einen guten Weg gefunden, die Schrecken der Kriegszeit zu bannen. Sie ist ein Jahr jünger als meine Mutter, hat aber mit ihr zusammen in Schleswig Abitur gemacht. Ihr ältester Sohn ist dann ebenfalls ein Jahr jünger als ich. Sie kennt mich schon als Baby von Anfang an und ich bin mit ihr auch immer vertraut, sie kommt oft zu uns zu Besuch, als ich noch ein Kind bin. Sie hat drei Kinder und natürlich gibt es dann nicht mehr so viele Besuche von ihr. Meine Mutter hat aber immer Kontakt zu ihr und erzählt auch manchmal von ihren Besuchen. Ich sage da schon öfter mal, dass ich sie auch gerne mal wieder sehen würde, aber meine Mutter richtet es immer so ein, dass Brigitta zu Besuch kommt, wenn ich nicht da bin. Vielleicht ist sie eifersüchtig, denn ich denke, sie spürt genau, dass mir Brigitta vielleicht näher sein würde als sie selber.

Nach dem Tod meiner Mutter spreche ich nun mit Brigitta und erfahre, dass auch sie mich gerne mal wiedersehen wollte und dass sie das zu meiner Mutter auch öfter sagt. Wir sehen uns auf der Trauerfeier im Krematorium und ich erkenne sie sofort. Wir drücken uns, als hätten wir uns gestern erst das letzte Mal gesehen, es ist, als ob überhaupt keine Zeit vergangen wäre. Wir sind uns schnell einig: Wir verabreden, uns mal zum Kaffee zu treffen und schon bald machen wir die Verabredung wahr. Im Gespräch mit ihr stelle ich genau das fest, was ich vermute - sie ist mir viel näher, als meine Mutter es war und sie kann mich auch viel besser verstehen, als meine Mutter es je konnte. „Vielleicht kann ich dir ja noch das sein, was deine Mutter dir nicht sein konnte!", sagt sie ganz lieb und ich fange fast an, zu weinen. Ganz nah und sehr verständnisvoll kann sie zuhören, hat sie doch das Zuhören auch zu ihrem Beruf gemacht. Sie, die gerne Medizin studiert hätte und es wegen der Kinder nicht konnte, sie wurde Sozialpädagogin mit viel Interesse an den vielen psychologischen Themen. Auch heute noch arbeitet sie an einigen Tagen im Monat bei der Telefonseelsorge mit, alles Psychologische ist ihr daher sehr vertraut. Für meine Mutter ist das allerdings alles ein rotes Tuch. Psychologie ist für sie keine Wissenschaft, mit der sie sich hätte beschäftigen mögen, es ist für sie eher so eine Art Scharlatanerie. Niemals wollte sie sich mit so etwas beschäftigen. Auch wenn sie in ihrem Lebenslauf noch das Gegenteil erzählt.

Ich freue mich unbändig, dass Brigitta so vieles ausspricht, was auch ich denke. Natürlich ist meine Mutter dann auch immer ein Gesprächsthema für uns. Bei unserem dritten Treffen sagt sie nachdenklich: „Wer weiß, was deine Mutter sagen würde, wenn sie uns beide hier so einträchtig sitzen sehen würde…". Ich sage zu ihr: „Sie wäre eifersüchtig, klar, so wie sie immer eifersüchtig ist auf alle, mit denen ich mich gut verstehe - auf mein Tantchen, meinen Vater, selbst auf meine Oma, eigentlich auf alle, die mich so mögen und akzeptieren, wie ich bin."

Unser Gespräch ist lang und innig, sie backt am Tag vor meinem Besuch einen Kuchen, obwohl sie ein paar Tage lang krank ist und sogar ins Krankenhaus muss. Erzählen will sie mir davon natürlich zunächst mal gar nichts, aber dann doch: Sie trinkt in den heißen Tagen im Juni wohl zu wenig und liegt dann dehydriert im Bett und fantasiert. „Immer warst du in meinem Wahn dabei!", lacht sie und ich finde das gar nicht so lustig, obwohl es mich tief berührt. Sie muss mir in die Hand versprechen, dass sie nicht wieder so schauspielert, sondern es auch mal sagt, wenn es ihr nicht gut geht oder auch mal anruft bei ihren Kindern. Die älteste Tochter ruft sie jeden Tag an, bemerkt es aber auch nicht, dass es ihrer Mutter so schlecht geht. „Ich habe mich da dann ja auch während des Gesprächs zusammen gerissen", sagt sie, „das konnte meine Tochter gar nicht merken." „Jaja, die Kriegskinder", denke ich bei mir, „bloß immer alles schön tief in sich verschließen, damit nichts rauskommt."

Als ich nach dem Besuch bei Brigitta nach Hause fahre, denke ich darüber nach, was es für ein Glück ist, ein Zuhause zu haben. Ich wohne jetzt seit mehr als 40 Jahren in meinem Haus in Strande und seit über 60 Jahren kenne ich Kiel. Ich habe ein Zuhause, einen Heimathafen, von dem aus ich gerne in die weite Welt fahre, aber zu dem ich immer gerne wieder zurückkehre. Meine Großmutter fällt mir ein, die den Verlust der Heimat nie verwunden hat. Ein wenig kann sie sich trösten: In den 50er Jahren beginnt sie, mit mir ins Kino zu gehen, jede Woche in einen anderen Film. Vielleicht kann sie in diesen Stunden ein wenig das vergessen, was auch sie sicher ständig im Kopf hat: Die Bilder des Grauens von zwei Weltkriegen. Die heile Welt der deutschen Filme beeinflusst dann auch mich nachhaltig. Noch heute gucke ich mir gerne die Schnulzenfilme nachts oder Sonntagnachmittags im Fernsehen an. Sie sind teilweise so grottenschlecht, dass man schon wieder darüber lachen kann. Aber sie symbolisieren selbst für mich alte Rock'n'Roll-Lady, für mich Rebellin, 68erin, Frauenbewegte, Politologin, Redakteurin mit Hauptinteresse an sozialen Themen, Philosophin, hellwache Weltverbesserin und ganz Kind meiner Zeit immer wieder das alte, heimelige Heile-Welt-Deutschland der frühen 50er. Das mich trotz allem Protest gegen die Spießigkeit der 50er-Jahre-Gesellschaft magisch anzieht. Und immer anziehen wird. Es ist ja in dieser Zeit noch alles so schön einfach. Probleme werden ausgeblendet oder unter den Nierentisch gekehrt, da wird noch überhaupt nichts ausdiskutiert…und Kinder dürfen noch nicht „nein" sagen. Da ist Erziehung noch einfach mit Verboten und ab und zu ein paar Ohrfeigen.

Ich komme im Gespräch mit Brigitta darauf, wie wichtig es ist, dass meine Kinder und ihre Enkel es von klein auf gelernt haben, auch zu Erwachsenen „nein" sagen zu dürfen. „Durftest du denn zu deiner Mutter nein sagen?", fragt mich Brigitta. Ich denke nur kurz nach: „Nein, nicht wirklich. Meine Mutter kann es bis zu ihrem Lebensende nicht ertragen, wenn ich ihrer Sichtweise der Dinge widerspreche. Als Kind bekomme ich dann Ohrfeigen - musst du immer das letzte Wort haben, patsch - und später, als ich erwachsen bin, ist dann einfach Funkstille, wenn ich anderer Meinung bin. So etwas darf einfach nicht sein. Alle diese Missbrauchsfälle, die jetzt so langsam hochkommen, die sind nur deswegen möglich, weil die Kinder der 50er Jahre nicht nein sagen dürfen", erläutere ich Brigitta meine Meinung. „Erst mit dem Aufbruch in die 60er und in die wilde freie Beatmusik, da wird es langsam zugelassen, dass die Jugendlichen auch mal rebellieren können. Und als sie 1968 dann die Eltern und die Lehrer fragen, was die denn so im Krieg gemacht haben, da ist die Zeit der unterdrückten Meinung langsam vorbei. Trotzdem brauchen manche dieser Kinder der 50er sehr lange, bis sie dann über den Missbrauch von Lehrern und Priestern an ihren Körpern und Seelen erzählen können. Die Täter sind meist schon tot, vielleicht ist es deshalb heute leichter, sich die Trauer von der Seele zu reden."

7. Krieg und Abschied von Gumbinnen: Das Tagebuch

Viel Zeit vergeht, bis ich mich endlich daran mache, die Regale mit den Tagebüchern meiner Mutter zu sichten. Ich muss das Ganze sortieren, dann kann ich anfangen, zu lesen. Akribisch schreibt sie täglich ihre Notizen. Es ist ihr immer sehr wichtig, alles zu in ihrem Leben genau zu dokumentieren, mit Aufzeichnungen, Unmengen von Fotos, kleinen Prospekten, Belegen - so als hätte sie immer Angst, das Erlebte wieder zu verlieren. Oder Angst, eine Behauptung nicht beweisen zu können. Ein Kriegskind eben. Was hier in den Tagebüchern auf dem braunen Papier der Kriegsmarine niedergeschrieben ist, bleibt ihr somit gegen das Vergessen erhalten. Mit zwölf Jahren, fast dreizehn, beginnt sie zu schreiben, im Frühjahr 1941. Der ungeheure Druck ihres jungen Lebens wird vielleicht dadurch ein wenig abgemildert. Kurz davor wird sie herausgerissen aus ihren Jungmädchenträumen und ihren romantischen Wegen durch die prächtige ostpreußische Natur. Der Krieg, der zunächst einmal nur aus der Ferne wirkt, verursacht bei ihr schon Horror genug. Aber jetzt könnten die Russen theoretisch schon bald in der Nähe ihrer Heimatstadt ankommen. Aber lassen wir das kleine romantische und verträumte Mädchen mit den blonden Zöpfen und den hellblauen Augen selber erzählen:

Abschied von Gumbinnen –

Gumbinnen, d. 21. Juni 1941

Grelle Mittagssonne eines heißen Sommertages liegt über unserer kleinen Stadt im ostpreußischen Grenzgebiet. Leer sind die Straßen und Plätze und allein die kurzen Schatten der Häuser beleben das Pflaster. Es herrscht eine drückende Hitze, die nicht nur das Gras rot färbt, sondern auch auf der Menschen Gemüt lastet ... Wie schön ist doch Mutter Natur! Dazu noch die nahen Ferien! Ja, und was werde ich wohl beginnen? Man kann sich ja gar keine Pläne machen, um nicht doppelte Enttäuschung zu erleben. - Überall sieht man Gruppen von Frauen und Männern stehen, und man hört nur das eine Thema: Krieg mit Russland! Wie ein Gewitter ballt sich das Geschehen zusammen. ... In allen Garnisonen u. Dörfern liegt Militär. Wir haben bis jetzt ja wenig von dem blutigen Ringen ums Dasein gespürt. ... Um vor meinen Gedanken, vor mir selbst zu fliehen, habe ich am Abend noch einen Spaziergang gemacht. ... Im Westen ballten sich dunkle Wolken zusammen, wie die Geschehnisse an der Grenze. - Der Abend war so schön, ganz friedlich und still, als ob es kein Fleckchen Erde gäbe, das vom Toben dieses Krieges berührt würde.

Gumbinnen, d. 28.6.41

Heute wurde ich von Sirenen geweckt! Unsere Befürchtungen sind wahr geworden! Der Krieg wird sich nun an unserer Grenze abspielen. Alarm folgt auf Alarm. Man gewöhnt sich rasch an manche Lebenslagen, so auch an diese. Mittags kam der Räumungsbefehl der Stadt von Frauen und Kindern. Ich werde mit meiner Cousine Gertrud zu meiner Schwester nach Sorau fahren. Erni wird sich ja wundern, wenn wir plötzlich vor der Türe stehen. Sie war ja immer so zuversichtlich!

Wo einst die Welt so schön mir war, da ist sie öd und leer...

Gumbinnen, d. 10. Juli 1941

Schnell, viel zu schnell raste der Zug nach Osten! Nun bin ich wieder daheim. Wie grau, wie trübe und trostlos ist doch die Welt hier! Meine Eltern sind so kalt und verschlossen geworden und ihrem Schicksal ganz ergeben. Sie sind mir mit einem Male so fremd, sie erscheinen mir so alt. Das neue Bild hat die alten verdrängt. ... Es ist wohl der große Altersunterschied zwischen meinen Eltern und mir, der uns entfremdet. Sie haben das Lachen verlernt und gönnen es mir auch nicht! Aber die Jugend braucht Frohsinn und Freude! -

Daheim!

Gumbinnen, d. 2. Oktober 1942

Die Welt, in der ich solange glücklich war, will mir nicht mehr gefallen. Mein Blut drängt mich in die Ferne, um neue Bilder meinem Herzen zuzuführen. Das Leben erscheint mir so öde und sinnlos - aber ich vergesse es in der Schule, wo ich Mädel um mich hab', die ich leiden mag. ... Ich bin froh im Kreise meiner Kameradinnen, nur zu Hause fühle ich mich so einsam und es bedrückt mich etwas. Meine Eltern verstehen mich nicht mehr, vielleicht bin ich auch anders geworden, besinnlicher bestimmt. Ich schreibe viel und lese und jetzt beginnt meine große Musikliebe, die meine graue Seelenwelt beherrscht. In ihr finde ich meine Ideale verwirklicht.

Gumb., d. 2. Januar 1943

Die weißen Flocken sinken sanft auf das Land herab und ziehen ein warmes Tuch über die schlafende Erde. Mein Herz ist kalt und traurig. In unser Haus ist der dürre Knochenmann geschlichen und hat uns einen lieben Menschen entrissen, den Gatten meiner lieben Schwester. Er fiel am 5. Dezember 1942 in Rußland für seine geliebte Heimat.

Sorau, im April 1943

Diesmal begleiteten mich meine Verwandten nach Sorau, um nach kurzem Aufenthalt meinen Vetter Kurt in einem Lazarett in Thüringen zu besuchen. - Die Reise in den überfüllten Zügen war nicht angenehm, zumal wir gerade während eines Bombenangriffes in Königsberg waren. Nun, daran waren wir ja gewöhnt, wenn wir täglich drei bis sechs Stunden im Keller saßen. Hier werde ich mich mal endlich ausschlafen können. Ich bin ja so müde! - Aber ich freue mich sehr, wieder in Sorau zu sein.

Oh du mein sonniges Nidden!

Nidden, d. 8. August 1943

Endlich ist es mir vergönnt, dieses Land kennen zu lernen. ... Am nächsten Vormittag wanderten wir in den Dünen. Am Haffstrand gingen wir bis an die Wanderdünen und kletterten dort empor. Erst sonnten wir uns zwischen magerem Dünengras und machten noch einige Aufnahmen, dann wanderten wir durch das Tal des Schweigens hinauf zur hohen Düne. Weit blickte man dort über die Nehrung nach Süden und Norden. Im Osten lag das violettblaue Haff mit den schönen Fischerbooten darauf und im Westen die rollende grollende Ostsee mit den vielen Schaumkronen darauf, und dazwischen lag die schmale Nehrung mit den weiten dunkelgrünen Kiefernwäldern und den gelbweißen Sanddünen, die sich sanft emporwellten und steil zum Haff senkten. In Dünen und Wald eingebettet lagen die Dächer der Häuser des Dorfes und darüber hinaus schaute der Leuchtturm weit über Land und Meer! –

Gleichbeim Eintreten fiel mein Blick auf unseren Nachbartisch mit einem älteren Herren und seinem Sohn, ein Luftwaffenhelfer, der mir sofort gefiel. Er war hübsch und schien auch in seiner ganzen Art recht nett zu sein. Bildete ich es mir nur ein oder war es wirklich so, daß dieser Luftwaffenhelfer oft zu mir herübersah und mich schon beim Eintreten lange anschaute? ... Nur dieser Luftwaffenhelfer, Jürgen heißt er wohl, ist für mich noch da. Unsere heimlichen Blicke von einem Tisch zum anderen werden bei jeder Mahlzeit häufiger. Wie bin ich glücklich, einen Blick von Jürgen zu empfangen, einen Blick aus seinen hübschen braunen Augen.

Jürgen! - - -

Nidden, d. 14. August 1944

Einige schöne Tage sind wieder in diesem Lande verstrichen, einige glückliche Stunden habe ich mit Jürgen verlebt.- Jürgen meinte, daß wir ja über den Schlangenberg ins Elchrevier gehen könnten ... so machten wir uns denn auf. ... Im tiefen Dickicht trafen wir auch auf Elche. Erni war weit nach links gegangen, um die Elche aus der rechten Perspektive zu betrachten. Ich blieb in Jürgens Nähe, ja ging ganz zu ihm. Da knackte das Unterholz und ein mächtiger Elch stand mit seinen großen Schaufeln in etwa 30 Meter Entfernung vor uns. Jürgen fand eine Stelle, von der man dieses kraftvolle Wesen ungestört betrachten konnte. Als plötzlich noch einige Tiere dazukamen, legte Jürgen seinen Arm um meine Schulter und wies meinen Blick auf die Gruppe, die deutlich vor uns stand. ... Jürgen stand mir ganz nah gegenüber und ich konnte ihm immer und immer wieder tief in seine lieben Augen schauen. Auf einer Stelle, die dicht mit rosarotem Heidekraut bewachsen war, pflückten wir uns ein wenig für einen hübschen Strauß. Während ich eifrig mir die schönsten Stengel suchte, reichte Jürgen mir ein kleines Sträußchen und sah mich so lieb dabei an. Ich bewahrte das Heidekraut wie ein Heiligtum.

Evakuierung Berlins.

Gumb., d. 15. November 1943

Wieder wartet neue Arbeit auf uns. Die Evakuierung Berlins fordert immer neue Einsätze. Klassenweise machen wir Bahnhofsdienst und betreuen Frauen und Kinder, während die Jungen sich um das Gepäck kümmern. Der Dienst ist abwechslungsreich und macht viel Freude. ... Wir Mädel, etwa sechs bis acht, fuhren mit und sorgten für die Kinder und ebensoviel Jungen kamen mit zum Gepäck abladen. Wenn wir auch alle wie die Heringe standen, war die Fahrt doch urgemütlich. In den einzelnen Dörfern nahmen Mädel und Jungen uns dann wieder die Arbeit ab und sorgten weiter für die Evakuierten, und wir fuhren heim.

Nidden, d. 7. Juli 1944

Für unsere Ferientage haben wir herrliches Wetter! Jeden Vor- und Nachmittag waren wir bis jetzt an der See und im Wasser.

Nidden, d. 9. Juli 1944

Trotz aller Harmonie und Schönheit lässt sich das Geschehen um uns doch nicht vergessen. Die Front rückt ... immer näher an unsere Heimat heran. Das Wort „Flucht" steht vor jedem wie ein graues Gespenst. Viele sind schon abgefahren, aber bis es nicht der letzte Augenblick ist, wollen wir ausharren. Langsam scheinen aber eine kleine Festigung und ein Stillstand einzutreten. Nur ab und zu dringt der Donner der Geschütze zu uns in dieses Land des Friedens.

Nidden, d. 20. Juli 1944

... Am Nachmittag soll Fliegeralarm gewesen sein und infolge dessen mußte der Strand verlassen werden. Die Parole hieß: Regungslos in den Dünen liegen!

Nidden, d. 28. Juli 1944

Die letzten unserer Bekannten sind nun heute Vormittag abgefahren ... Wir fühlen uns direkt verlassen. ... Zum letzten Male waren wir heute Nachmittag noch baden - um nun für lange, ja vielleicht für immer von diesem schönen Fleckchen Erde Abschied zu nehmen. Ich glaube, dieses Land wird mir der Inbegriff des Schönen bleiben!

Flucht vor den Russen!

Sorau, d. 3. August 1944

Wie ein großes, graues Gespenst stand das Wort „Flucht" vor uns seit der Ankunft in Gumbinnen. ... Immer näher klang das Rollen der Geschütze, wir saßen fest und konnten nicht weg, weil die Abfahrt und das Verlassen der Stadt u. Arbeitsplätze verboten waren. Erni und Trude bekamen aber am 2.8. einen Ausweis vom Chef, daß sie bis auf weiteres beurlaubt wären. So bekamen wir Fahrkarten und fuhren am Abend des 2.8. weg von Gumbinnen. Der 1.8. brachte einen Alarm nach dem anderen, achtmal ging das so, wir packten und saßen nur im Keller. Keine Nacht schliefen wir, sondern saßen im Keller und packten fieberhaft eine Kiste nach der anderen und schickten diese nach Sorau. ... Heute sind wir nun erlöst von den Qualen. Ab Königsberg wurden wir wieder ruhiger. In Krauthausen war's ja ungemütlich! Wir standen da fast eine Stunde neben einem Munitionszug und einem mit Treibstoff bei Fliegeralarm. Huh, war das grauslich!

Das zerstörte Sorau!

Sorau, d. 4.8.44

Die ersten Eindrücke von Sorau waren nicht schön! Ich hatte mein liebes Sorau noch so in Erinnerung, wie es war, als Erni dort noch wohnte - wie sieht das nette Städtchen aber jetzt aus! Der Bombenangriff an Ostern hat etwa 1/3 der Stadt in Schutt und Asche gelegt und die ganze Traulichkeit vernichtet. Schon am Bahnhof ragten Trümmer. ... Weiter nichts mehr als Schutthaufen von drei bis vier Meter Höhe. ... Dort war noch nichts weggeräumt, die Straße war vollgeschüttet. Mir war es im Vorbeigehen, als reckten sich aus allen Kellern Hände, die um ein Grab bettelten, Hände, die um Befreiung baten. Ach, es war grauenhaft! ... Auch an der Sandmühle standen auf der Wiese Baracken für Ausgebombte, Polengesindel trieb sich da herum, es war jede Romantik dahin. Auch im Stadtpark waren viele tiefe Trichter, der Pavillon hatte einen Volltreffer bekommen, ja auch am Marktplatz standen Ruinen, das schöne Rathaus hatte nur noch ein Stockwerk, das Schloß war zur Hälfte von Sprengbomben zerstört und vieles, vieles mehr. Einen grauenhaften Anblick bot besonders der Stadtfriedhof, der zur Hälfte nur aus Kratern bestand. Da waren nämlich die Leute von der Focke-Wulf-Fabrik nebenan hin gelaufen, was die Flieger genau sahen und dann den Friedhof auch mit Bomben belegten. Ach, fürchterlich. ... So allmählich gewöhnt man sich ja an den Anblick; aber gestern Abend war ich fertig. Wir kamen im Finstern von der Sandmühle zurück durch die Trümmer, die ich nicht mehr sehen konnte; ich hätte laut weinen mögen, ja schreien vor Qual! Die Tränen liefen mir unaufhaltsam über die Wangen... Langsam wurde ich auch ruhiger und fand mich mit der Lage ab.

„Hab' den Markt und die Straßen noch nie so einsam gesehen!"

Gumbinnen, d. 26. Sept. 1944

Am Nachmittag kamen wir drei dann nach Insterburg, von wo aus wir nur noch mit dem LKW nach Gumb. reinkamen. Alles verlief gut, Angriffe trafen uns nicht, nur, als wir in den Westen der Stadt hineinfuhren, hatte der Osten einen leichten Bombenangriff. Das wäre für uns ungemütlich gewesen, wenn wir in einen Angriff reingekommen wären, denn der Anhänger hatte Benzinfässer geladen. Wir haben uns dann erst mal in unserem öde gewordenen Zuhause umgeschaut, das unser Papsch nun alleine verwaltet. ... In den nächsten Tagen machten wir uns gleich ans Packen. ... Nur dieses Hausen ohne Betten, Gardinen, Teppiche, diese dauernde Angst des Nachts, weil ja doch kein Fliegeralarm gegeben wird - und wir da oben. - Nein, das ist kein Leben mehr! Ich will auch wieder weg. ...

Fürchterlich ist's in Gumbinnen, alle Straßen sind so leer, die Stadt scheint manchmal wie ausgestorben, auch das Ballern der Artillerie ist besonders Abends und Nachts so grauenhaft. ... Am letzten Tag, den ich in Gumbinnen verbringe, bin ich auch noch einmal ins Kino gegangen zu „Träumerei". Der Film hat mir sehr gut gefallen, vor allem, weil der unsterblichen deutschen Musik gewidmet war. ... Der Zug nach Königsberg war überfüllt, aber es war urgemütlich.

Bombenangriff auf Stralsund!
Stralsund, d. 7. Oktober 1944

Ein grauenvoller Tag liegt hinter mir! Ich mag daran nicht mehr zurückdenken, aber ich kann es nicht übergehen: In den frühen Vormittagsstunden des 6. Oktobers waren wir zum Hafen gewandert, um uns die „Gorch Fock" mal aus der Nähe anzuschauen. Es war ein schöner Morgen. Wir wanderten ganz langsam vom Hafen zurück zur Heilgeiststraße, wo's Fliegeralarm gab. Anfangs wollten wir da in einen Keller gehen; aber ich riet Erni doch zu, in unser Hotel zu gehen, wo all unsere Sachen waren. So zogen wir nach etwa ¼ Stunde ins Arbeitsamt, auf den Straßen waren noch überall Menschen. Nach ¾ Stunden ging dann der Bombenzauber los, wo wir schon auf die Entwarnung gewartet hatten. Zuerst wurde das E-Werk bombardiert, was zur Folge hatte, daß die Beleuchtung ausfiel. Ein netter Oberleutnant der Flieger nahm sich unser rührend an. Während der schlimmsten und nächsten Bombeneinschläge legte er schützend seine Arme um unsere Schultern und sprach uns viel Mut zu. In vier Wellen flogen die Bomber an: Beim ersten Angriff war das E-Werk getroffen worden, beim zweiten der Hafen, beim dritten Heilgeiststraße und Umgebung und als vierter Apollonienmarkt und Neuer Markt. Bei uns war auf dem Hof auch eine schwere Sprengbombe reingegangen, durch deren Luftdruck die Kellertür aufflog und die Luken sich um zehn Zentimeter lockerten. Fürchterlich war es ja, das Bersten der Sprengbomben anzuhören und das Rauschen der Brandbomben. Ich kann es noch gar nicht fassen, daß Gott uns so gnädig verschont hat! Als wir dann aus dem Keller rauskamen, sahen wir erst die furchtbare Verwüstung. Etwa 30 Meter vor uns war eine Sprengbombe in den Splittergraben am Neuen Markt reingegangen. Ich sah gerade, als eine Frau blutüberströmt ohne Arme und Beine vom Eingang weggetragen wurde. Grauenvoll! - ... Zusammen mit dem Offizier beschlossen wir, zum Hafen zu gehen und - falls der Dampfer nach Hiddensee lebte - loszufahren. Wir wanderten dann durch brennende Straßen, über Trümmerhaufen an den Teichen entlang zum Hafen und wir hatten Glück, der Dampfer sollte in einer Stunde fahren. ... Wir verließen die Stätte des Grauens. Übern Hafen lohten rote Flammen und die Sonne war vom Staub und Qualm verdüstert. Die Dampferfahrt war ziemlich überschattet vom Erleben. ... Ach, ich vergaß ganz zu berichten, daß mit uns Otto Gebühr ... im Hotel Dornbusch wohnt. ... Als wir noch nach unten gingen, sahen wir über Stralsund rote Brände lohen, der ganze Himmel war im Süden rötlich. Grauenhaft war der Anblick und rief wieder all die Erinnerungen wach. Der Schrecken und die Angst saßen einem doch noch arg in den Gliedern, und selbst der erholsame Schlaf konnte die Bilder nicht ganz verlöschen. -

Greifswald, d. 23.10.44

Wie freue ich mich! Endlich bekam ich heute meine Filme aus Stralsund! Die Bilder sind wirklich sehr, sehr nett geworden. Ich fuhr eigentlich mit ziemlich wenig Mut hin und hätte bald einen Freudensprung gemacht, als ich die Bilder (aus Nidden zusammen mit Jürgen, Anm. d. Verf.) bekam. ... Ach, ich freue mich ja so!

Greifswald, d. 30. Okt. 1944

Nun sind schon einige Tage die Russen in unserem Heimatstädtchen und treiben ihr grausiges Handwerk. Wenn man auch auf diesen Augenblick schon lange gewartet hatte, traf diese Nachricht doch sehr unvermittelt. Ja, unsere schöne Heimat muß nun sehr schwer leiden. ... Ich brauche immer Etwas, das mich hinaushebt aus dieser grauen Welt, ein Ideal, das mein Sehnen stillt. - Schuberts „Unvollendete" passt mir gut in diese Stimmung...

Greifwald, d. 2. März 1945

Vor wenigen Wochen erreichte mich die erschütternde Nachricht, daß mein lieber Vater auf der Flucht aus Ostpreußen in Elbing an einer Blutvergiftung gestorben ist! - - - Ich kann diese Tatsache noch immer nicht begreifen, werde ich es jemals wirklich können? Es ist immer schwer, sich mit einem solchen Schicksalsschlag abzufinden. Es tut mir ja so weh, daß Papa so alleine sterben mußte, daß niemand von uns in seiner letzten Stunde bei ihm war; er hing doch so an uns allen, besonders an mir. Ich war ja sein Liebling, vielleicht darum, weil ich ihm seelisch und künstlerisch am nächsten stand. Dieser Schicksalsschlag wird mein Leben wohl ändern. Der erste Schmerz war bei uns allen grenzenlos.

Greifwald, 23. April 1945

Ich war wieder zusammengebrochen, meine Kraft reichte nicht mehr aus. Am Abend richtete Goebbels noch eine Grabrede an das Volk, wo er uns noch leere Hoffnungen machte, die ja kein Mensch mehr glauben konnte. Wir stehen vor dem Untergang, das ist nicht mehr zu leugnen.

Greifswald, d. 26. April 1945

Heute Nacht erlebte Greifwald den ersten richtigen Luftangriff. Des Nachts fielen jetzt schon öfter Bomben, aber wenn wir aufstanden, war der Zauber wieder vorbei. Diesmal aber folgte mehr. Wir packten fluchtartig alles zusammen, als schon immerzu Bomben fielen. Es sah draußen grauenhaft aus. Alles war hell und die Fontänen der einschlagenden Bomben sprühten zum Himmel. Das ganze Haus wackelte, sogar einige Fensterscheiben fielen raus.

Schleswig-Holstein meerumschlungen...

Schleswig, d. 1. Mai 1945

Nun sind wir endlich am Ziel! Wir sind eigentlich ganz ungewollt nach Schleswig gekommen; denn unser Blick richtete sich zur Elbe und weiter nach Thüringen; aber wir wurden so schön bis hier gefahren, daß wir ganz willenlos uns unserem Schicksal ergaben. Ich will nun aber erst von unserer Fahrt erzählen. Am 28.4. ... machten wir uns zur Wehrmachtsstreife auf am Steinbecker Tor und warteten dort auf die LKW, die nach Schwerin fahren sollten; aber noch am späten Nachmittag warteten wir vergeblich. ... Abends fing die

Artillerie aber dermaßen an zu ballern, daß alle Wartenden fluchtartig die Straße verließen, als die Soldaten noch sagten, der Russe wäre dicht hinter ihnen. Wir ließen einige Koffer und die Betten in der Stadt und machten, daß wir nach Haus kamen. Lieber daheim sein, als den Russen auf der Straße in die Hände fallen! Des Nachts war mir ja gräßlich zumute! Als das Geballere immer toller wurde, glaubten wir schon, der Russe wäre im Anrücken auf Greifswald, am Himmel zuckten rote Brände und die Soldaten kamen scharenweise zurück und machten weiter in Richtung Stralsund. Ein LKW nach dem anderen verließ die Stadt. Es war schaurig. Bis nach zwölf Uhr kriegte mich niemand ins Bett, dann legte ich mich für ein paar Stunden, konnte aber nicht schlafen. Meine Nerven waren zu sehr aufgepeitscht, und außerdem ließ mir die wachsende heillose Angst vor den Russen keine Ruhe. Am Morgen wurde es etwas ruhiger. Meine Schwester fuhr dann noch mit dem Rad zur Wehrmachtsstreife, um zu erkunden, ob noch LKW führen; denn seit einigen Stunden war keiner mehr zu sehen. Nun, ein Stillstand war nicht eingetreten. Erni konnte sich immer noch nicht dazu entschließen, wegzugehen … Bis mittags warteten wir … und wurden dann bis Stralsund mit einer Luftwaffeneinheit gefahren. … Kurz vor der Abfahrt ging das Geballere wieder los, es fielen auch Bomben - dann verließen wir Greifswald. Als die Türme von Stralsund in Sicht waren, hatten wir die erste Panne, nun, das Geballere war nicht mehr so laut. Und hörte bei Richtenberg (südwestlich Stralsund) fast ganz auf. Wir landeten in Richtenberg nur dadurch, daß wir in Stralsund nicht reinkamen, weil es zur Festung erklärt wurde. … Dort begann unser Leidensweg. … Morgens gingen wir wieder raus, es war ja entsetzlich kalt. … Schließlich kam jemand von der Streife und sagte am Abend wollten sie sich nach Westen absetzen, weil der Russe im Anmarsch auf Grimmen und Güstrow (südlich Rostock) sei, Greifswald sei schon besetzt. Ich sah unser Ende schon kommen, die Artillerie wurde auch immer lebhafter. Ich war schon der Verzweiflung nahe, als endlich ein Militärauto … ankam, das uns an der Straßenkreuzung absetzte, wo wir direkt an der Straße Stralsund - Rostock waren... Schließlich wurde ein Flak-Zug gemeldet, der bis hinter Lübeck fahren sollte. Natürlich war plötzlich die Streife fort und die Wagen brausten durch. Platzen hätte man können. Einen LKW konnten wir dann doch noch dazu bringen, anzuhalten und uns mitzunehmen. Allerdings mußten wir ein ganzes Ende mit unserem Gepäck laufen, denn das Auto hielt dort, wo keine Menschen mehr standen. Ich mußte mich mit dem Rad entsetzlich abquälen und war dem Weinen näher als dem Lachen. Nun, alles hat sein Ende! Der LKW war ja ohne Verdeck, aber wir machten es uns mit Decken und Mänteln ganz gemütlich. Nur vor den Tieffliegern hatte ich mächtig Angst, weil wir doch so ganz ohne Schutz waren. Ich war ja furchtbar erschöpft. Fünf Nächte ohne Schlaf und kaum etwas essen greifen den Körper und vor allem die Nerven ungeheuer an. ... Bald war alles vergessen. In strahlender Abendsonne fuhren wir durch herrliche Buchen- und Nadelwälder gen Westen in rasendem Tempo. Das Lastauto raste, als ob der Böse dahinter wäre. Kurz vor Rostock fuhren wir immer an der Küste entlang und dann nach Süden. In letzter Minute fuhren wir durch Rostock. Die schöne Stadt war grausig zerstört. In den späten Abendstunden fuhren wir durch Wismar, wo ja auch so verschiedene Trümmer waren. Die Flaksoldaten, die mit uns auf dem Auto saßen, sorgten rührend für uns. Wir wurden mit Würfelzucker, getrockneten Pflaumen, Keksen und Konserven reichlich eingedeckt. Einer der Soldaten bot mir eine gute Rückenlehne. Um elf Uhr wurde, als wir in einem Dorf Rast machten, umgemöbelt, sodaß mein schöner Platz futsch war. Ich mußte dann auf meinem Rucksack Platz nehmen, ebenso Erni, Mutti saß weiter hinten. Beim Schlafen rutschten die Leute immer mehr nach vorn und drückten mich dermaßen zusammen, daß ich plötzlich keine Luft mehr bekam, denn auf meinem Rücken lagen verschiedene Kinder. So allmählich krabbelte ich dann aber nach oben, um Luft zu schnappen! ... Über uns waren dauernd Tiefflieger, sodaß wir immer ohne Licht fahren mußten; aber der Chauffeur fuhr trotzdem schnell und sicher, denn es kam auf jede Minute an. Als die Morgensonne ihre wärmenden Strahlen auf die Erde warf, erreichten wir Lübeck. Kurz dahinter machten wir wieder Rast und wollten dann soweit fahren, wie's ging, denn bei dem guten Wetter war rege Tieffliegertätigkeit zu befürchten, und den Wagen wollten sie nicht kaputtschießen lassen. So fuhren wir denn weiter und kamen in die Holsteinische Schweiz, die mir gleich sehr gut gefiel. Am Horizont zogen sich die Hügelketten hin, und zu beiden Seiten leuchteten weite Seen, umrahmt von raunenden Buchenwäldern. Leichte Wellen kräuselten den Plöner See, der in der Morgensonne einem funkelnden Brillanten glich. Tausend Vogelstimmen jubilierten in den Morgen. ... Schon weit vor Kiel begann das grausige Zerstörungswerk der Terrorangriffe. Trichter von unvorstellbarer Größe lagen dicht nebeneinander, Häuser waren wie Streichholzschachteln umgekippt und zerknickt. Kiel selbst sah noch fürchterlicher aus. Ich kann das grauenhafte Bild gar nicht recht beschreiben, doch ich glaube, wenn ich erwähne, daß kein Haus und keine Straße unbeschädigt sind und in den Trichtern ein großes Haus Platz hätte, genügt. Wir wurden von Tieffliegern gar nicht belästigt. Nur einmal riß uns der Ruf: „Tieflieger von rechts, Geschütze klarmachen!" hoch; aber dann waren's Deutsche. Gegen Mittag waren wir in Eckernförde, wo es auch sehr schön war. Von der Straße sah man die Förde mit den Buchenbestandenen Ufern und dann weit, weit in die offene See. Ich war direkt begeistert von Schleswig-Holsteins Ostküste. Am Nachmittag kamen wir nun heute hier in Schleswig an. Die Stadt hat ein wunderschönes Panorama von der Schlei aus gesehen. Wir wurden am Riesberg am jenseitigen Ufer der Schlei abgeladen. Zuerst sollten wir in die Schule; aber wir waren dermaßen entsetzt von dem Milieu, daß wir auf eigene Faust Quartier machen gingen und auch Glück hatten. Wir wurden sehr nett aufgenommen und haben nun beschlossen, wenn wir uns ausgeruht haben, nach Eckernförde zu gehen. Jetzt will ich erst mal schlafen gehen, Morgen mehr! - - - An und für sich gefällt es mir hier ja ganz gut...

8. Komische Zufälle und Deutschlands Ende

Nun wird das Tagebuch meiner Mutter weitergeführt und es wird eindringlich über die Zeit des Umbruchs, die ersten Monate in Schleswig und damit über die beginnende Nachkriegszeit berichtet. Mit vielfach idyllischen Bildern des Sommers 1945 zeichnet sie die merkwürdig zerrissene Stimmung dieses ersten Nachkriegssommers in der neuen Heimat auf.

Schleswig, d. 2. Mai 1945

Nein, was ist die Welt komisch! Als wir heute von der Schule Essen holen wollten, sahen wir Herings (Mutter und Sohn aus Gumbinnen, Anm. d. Verf.) plötzlich auf der Chaussee mit dem Rad ankommen. Wir winkten natürlich freudig und begrüßten uns aufs herzlichste. Frau Birkholz, unsere Gastgeberin, bat sie dann auch gleich, ihr Gepäck bei uns zu lassen und wenn es ihnen recht wäre, auf dem Dachboden zu schlafen. Wir zogen dann alle los zur Schule. Am Nachmittag gingen Erni, Herr Hering und ich mit Frau Birkholz gleich los nach Holz, damit wir was zum Kochen hatten. Mit einer großen Karre bewaffnet brachten wir das Holz heim.

Schleswig, d. 3. Mai 1945

Heute Nacht bekamen wir gleich die erste stählerne Begrüßung der Tommies in Form von Bomben auf den Schleswiger Flugplatz. Ab und zu knallte es ganz schön. Schon während des ganzen Abends schossen die Flieger mit Bordwaffen durch die Gegend, als (es) dann plötzlich Alarm gab. Mutti, Erni, Frau Hering und ich schliefen im Wohnzimmer, Frau Spingies, Rita und Herr Hering schliefen mit Frau Birkholz im Schlafzimmer und so entstand ein herrliches Gekrabbele beim ersten Böllern und Aufblitzen. Unsere Sachen fanden wir erst gar nicht, nur mit unseren Rucksäcken zogen wir in den Keller, Licht gab's keines. Kaum, daß wir unten waren, blies der Luftdruck eines Bombeneinschlages die Kerze aus, und Herr Hering legte gleich ganz fest den Arm um mich. Etwa fünf Stunden saßen wir unten und in langen Abständen fielen die Bomben. Wir waren ja so müde! Restlos erschossen schliefen wir dann weiter. Nun wollten wir heute aufs Land, wer weiß, ob nicht noch Schleswig bombardiert wird. Aber als Erni mit Frau Hering ... zur Stadt ging, wurde gesagt, in ein bis vier Stunden sei der Tommy da. Als es anfing zu schießen, raste alles in die Kellerräume mit Sack und Pack. Wenige Zeit später flatterte die weiße Fahne über Schleswig. Vollkommen konfus gingen wir noch einkaufen, um uns für Wochen zu versorgen. Nun sagte der Leiter der Schule, daß man erst am Abend mit dem Einrücken der Tommies rechnen könne. Also, nun ist's soweit. Vor den Russen sind wir getürmt, wir haben bestimmt unerhörtes Glück gehabt – nun kommt der Tommy eher, als wir es dachten. Ja, wer weiß, was uns erwartet?

Deutschlands Ende! - -

Schleswig, d. 5. Mai 1945

Heute sind die ersten Tommies in Schleswig eingerückt! Endlose Kolonnen fuhren durch die Straßen und besetzten Regierung, Landratsamt usw. Ohne einen Schuß abzugeben hatte Schleswig-Holstein kapituliert und mit der Provinz die gesamte Westfront. Lediglich der Kampf gegen den Bolschewismus wird weitergeführt. - Ach, ich vergaß ganz zu berichten, daß am 1. Mai etwa zehn Uhr die Meldung vom Tode Adolf Hitlers durchgegeben wurde, sein Nachfolger, Großadmiral Dönitz sprach dann noch zum Volke. Einen ehrenvolleren Tod hätte unser Führer nicht sterben können. Er hat für seine Idee gekämpft und ist auch für sie und sein Volk gefallen. Hitlers Tod löscht die Fehler seines Lebens voll aus. Weiter kann ich über Politik nicht berichten, denn wir haben keinen Strom und sind infolgedessen hinter dem Monde zu Hause. Nur wenn ich mit Herrn Hering Essen holen gehe, höre ich mal etwas Neues, aber meist viel Belangloses. Heute Abend bin ich mit Hans-Jürgen Hering zur Stadt gegangen, um mal die Tommies von nah zu schauen; aber über den deprimierenden Eindruck mag ich gar nichts schreiben. O, daß es so weit kommen mußte! Unser stolzes schönes Deutschland! All die Werte, die Kultur haben die Feinde uns geraubt, nun nehmen sie uns unsere Heimat, unsere Freiheit! O, gibt es da noch Gerechtigkeit?

Schleswig, d. 9. Mai 1945

Nun ist der Krieg zu Ende! Deutschland hat bedingungslos an allen Fronten kapituliert. Frieden; aber was für ein Ende! Man darf nicht daran denken! Nein, haben wir das wirklich verdient? ... Ja wie haben wir uns das Kriegsende vorgestellt? Friedensglocken und Siegesfeiern und all die Lieben da und zu Hause. Ja, ganz anders ist es nun gekommen, als man dachte. ... Ich bin ja so dankbar, daß Herr Hering da ist, ich hätte sonst die Magengeschichte und all die traurigen Ereignisse nicht so eisern überstanden. Auch die nun wenig freundliche Aufnahme und das dauernde Gerede hinterm Rücken des Abwesenden könnte ich nicht aushalten. An und für sich leben wir ja noch ganz gut, ich wenigstens. Am Nachmittag sind wir oft nach Fahrdorf gegangen, um Kartoffeln zu holen, ja, soweit sind wir, daß wir ums Essen betteln müssen. Manchmal war ich auch mit Herrn Hering auf die Wiese gegangen, um ein wenig zu schmoren, es war immer recht nett. Wir plauderten viel über Medizin, die Universität, Literatur, über Musik und Reisen und vieles andere. ... Wir lagen auf der Wiese am See, dahinter der grüne Buchenwald. Leichte Wellen schlugen ans Ufer, über uns kreisten die weißen Möwen. Es war eine herrliche Ruhe, wenn man aus dieser Nervenmühle hier oben kommt. Alles schwabbelt durcheinander, Kinder quieken usw., dazu herrscht eine Hitze, die einem jeden Atemzug raubt und die Menschen dermaßen ermüdet, daß man nichts mehr hören und sehen mag. Dazu kommt noch, daß wir alle den Durchfall haben und nichts essen können. Es ist fürchterlich! ... Hoffentlich hat alles bald ein Ende!

Schleswig, den 15. Mai 1945

Nun sind wir schon vierzehn Tage hier in Schleswig und müssen wohl noch länger bleiben, denn vorläufig bekommen wir keine Reiseerlaubnis nach Thüringen. Mehr als fünf Kilometer darf man nicht fahren. Außerdem darf man nicht über den Kaiser-Wilhelm-Kanal. So müssen wir hier noch aushalten. Wer weiß, was uns noch blüht? Wir müssen tapfer aushalten! ... Fast jeden Tag sind wir auf der Wiese, nur schade, daß wir nicht baden können, denn Badeanzüge besitzen wir nicht mehr – und Paradies zu machen wäre zu viel gewagt. Ab und zu sind wir auch im Wald und schlagen Bäume ein. Ja, auch Holzfäller sind wir schon geworden!

Gestern traf ich in der Stadt auch Gisela Helle mit ihrer Mutti. Sie hat es auf dem Wege nach Dänemark nicht gut gehabt, etwa am 16. April ging sie schon von Greifswald weg und wollte mit ihrem Schwager nach Dänemark, wurde unterwegs aber dermaßen beschossen, daß das Auto ausbrannte, während sie selbst im Gebüsch lagen, ihre ganzen Sachen gingen verloren. Da bin ich doch froh, daß ich wenigstens einen Rucksack voll habe. Ja, wir haben ganz unverschämtes Glück gehabt.

Nun bin ich aber davon abgekommen, von Schleswig zu berichten; doch allzuviel habe ich nicht davon gesehen, da ist nur viel Dreck und man kann infolge der krummen Straße nur ein paar Häuser weit sehen – nur Staub ist wegen der vielen LKW und Panzer der Tommies immer da. Am liebsten gehe ich da auf die Wiesen oder an den See hier. ... Es ist ja zum Lachen, aber weiter als bis in die halbe Stadt bin ich noch nicht gekommen, denn nur die Hauptstraße zu Ende zu gehen, braucht man ein bis eineinhalb Stunden oder gar mehr. Nun, vielleicht wird's nochmal! Ich bin ja wirklich gespannt, was aus uns wird. Wenn wir nur nicht in dieser ekligen Bodenkammer zu bleiben brauchten! Ach, wird schon schief gehen!

Gestern Abend war ich mit Herrn Hering wieder zusammen, wir wanderten den Haddebyer Strandweg entlang und weiter am Waldrand. Am Strandweg setzten wir uns noch auf eine Bank und blickten auf die Schlei in der Abendsonne und auf die goldene Spitze der Kirche. Weiße Möwen kreisten über dem blauen Wasser. - - -

Frau Spingies hat ja so einige Vorteile dadurch, daß sie in USA geboren ist und perfekt englisch spricht. Sogar einen Betreuungsschein erhielt sie vom Kommandanten!

Wenn ich da so Herrn Hering sehe! Er ist recht nett, besonders wenn er lacht, dann hat er so liebe dunkle Augen, aber er bleibt doch immer der kühle Hamburger. Was mir an ihm gar nicht gefällt, ist, daß er in allem nur auf seine Mutter hört, mag es noch so gegen seinen Willen gehen. Nun, für mich wäre das nichts! Hans-Jürgen tanzt nur nach Frau Herings Pfeife. ... Meine Seele dürstet so nach Liebe. Ich kann meinem Fühlen und Denken nicht den rechten Ausdruck geben. Ich muß mit meiner verzweifelten Seele ganz allein fertig werden, muß allein so manchen Kampf ausfechten! Mag es noch so schwer sein! - - -

Schleswig, d. 26. Mai 1945

Meine Schwester ist schon wieder auf Abwegen – sie hat, als sie mit Frau Spingies Kartoffeln hamstern ging, bei einer Frau Christiansen einen Feldwebel und einen Hauptmann kennengelernt. Die beiden stammen aus Metz und wollten uns sogar ein Zimmer auf Grund von Frau Spingies Tommysschein geben... Gestern nun traf Erni den Hauptmann wieder, in Zivil, Rose im Knopfloch usw. Seit vorgestern sind sie wohl von der Wehrmacht entlassen worden und dürfen nun wieder auf die Straße. So haben sie heute uns ihren Besuch gemacht. ... Wir gingen dann gemeinsam zur Stadt, wo mir der Feldwebel als Begleiter zufiel. Wir unterhielten uns ganz angeregt. ... Herr Hering ist heute so merkwürdig, was mag ihm nur sein? Bin ich daran schuld, oder der Feldwebel?

Dunkle Tage!

Schleswig, d. 28. Mai 1945

Gestern, am Sonntag, haben wir etwas Übles und nie gedachtes erfahren, u.a. hat Frau Hering das Quartier, das mir zugesichert wurde, hinter unserem Rücken weggemopst – und ich Schaf beschrieb Erni vor vier Tagen in Anwesenheit Herings ganz genau das Haus. Nun, wir werden uns in Zukunft mehr in Acht nehmen! ... Am Abend ging es mir dann sehr schlecht. Ich bekam an der Hand entsetzliche Schmerzen, sodaß ich mich wie ein Wurm krümmte und bald die Wände hochging. In der Nacht steigerten sich die Schmerzen und das Fieber noch mehr, sodaß ich kaum ein bis zwei Stunden morgens schlief. Die Schmerzen waren fast übermenschlich. Ich biß die Zähne schon fest zusammen, aber die Tränen rannen unaufhörlich über meine Wangen und so mancher Schmerzenslaut ließ die Qualen erkennen. Erni las fast während der ganzen Nacht aus irgendeinem Buch vor, um meine Schmerzen vergessen zu lassen und so schlief ich ein wenig. Heute bin ich nun wieder in der Klinik gewesen, wo ich aber keine Hilfe außer einigen Schlaftabletten bekam. Noch geht's ja auszuhalten, aber was wird wieder des Nachts werden? Herr Hering hätte mich ablenken können, mir beistehen, aber er war so kühl und zurückhaltend und kümmerte sich nicht um mich. – Mein Arm ist ziemlich angeschwollen und schon ganz steif.

Schleswig, d. 11. Juni 1945
Gestern hatten die Schmerzen ihren Höhepunkt erreicht. ... Herr Hering, der meinen Puls zählte, riet mir denn zu, möglichst bald in die Klinik zu fahren, denn seiner Meinung nach wäre die Sache sehr beunruhigend, weil mein Puls furchtbar unregelmäßig ginge. Meine Schwester telefonierte dann Dr. Bendig an, der auch gleich anriet, zu ihm zu kommen. Auf ein Krankenauto mußte ich aber noch bis neun Uhr warten. Kurz vor halb zehn war ich dann in der Klinik. Dr. Bendig hatte sich den ganzen Fall wohl noch grausiger vorgestellt, trotzdem machte es ihm doch arg Kopfschmerzen. Ich mußte dann dableiben, meine Schwester konnte auch nicht mehr nach Hause, weil um zehn Uhr Sperrstunde ist. So stellte eine junge Ärztin uns ihr Zimmer mit einem Bett und einer Couch zur Verfügung, weil auch für mich kein Bett mehr frei war. Mit den Ärzten hatten wir noch unseren Spaß, mir ging es auch etwas besser. Das Zimmerchen war ganz nett, mit einem Blick auf den Park, zu beiden Seiten lagen zwei Flügel der Klinik mit den großen Fenstern und weinberankten Wänden. Der Schlaf in jener Nacht war wie eine Erlösung von allen Qualen. Mein Bett hatte eine weiche Daunendecke mit Schlaraffenmatratze, also es war beinahe wie daheim. Ich hatte fast keine Schmerzen, konnte meinen Arm gut hinlegen und schlief ganz herrlich. Am nächsten Morgen schien die Sonne ganz warm ins Zimmer und ich mußte schon sagen: „Hier bin ich Mensch, hier darf ich's sein!" – Ich fühlte mich so wohl. Im Morgensonnenschein saß ich mit Erni im Garten unter flüsternden lichtgrünen Birken auf einer weißen Bank und wartete auf die Sprechstunde. ... Mir wurden nur Umschläge verordnet und Röntgenbestrahlungen. ... So habe ich wohl nun die Krise überstanden und sehe einer Besserung entgegen.

Schleswig, d. 3. Juni 1945

Heute, an Muttis Geburtstag, hat Frau Spingies uns verlassen. Sie war, um nach ihrem Mann zu forschen, zum englischen Kommandanten hingegangen und dieser riet ihr, nach Flensburg zu gehen, weil dort die Amerikaner auch wären, und Thüringen gehört den Amis. So versprach er denn, sie heute um zehn Uhr mit einem Auto abholen zu lassen und hat auch Wort gehalten. Punkt zehn Uhr klingelte es und ein Tommy kam herein; wenige Zeit später standen wir unten im Hof und verabschiedeten uns, während aus allen Türen und Fenstern die Leute gafften, weil Frau Spingies nun mit einem englischen Auto auf und davon fuhr. Ich gab ihr noch Jürgens und Müllers Adresse mit, vielleicht kann sie da etwas erfahren.

Schleswig, d. 8. Juni 1945

Unsere beiden Heringe sind heute auch weggefahren zu Verwandten nach Hamburg. … Nach ihrer Rückkehr werden die Heringe uns wohl auch verlassen und zum Bürgermeister ziehen, dann kann man sich hier auch begraben lassen. Dazu kommt noch das ewige Regenwetter. Wie war doch die erste Zeit hier in Schleswig schön. … So, wie es das Schicksal will, wird's schon recht sein. Wir dürfen nicht daran rütteln! „So komme, was da wolle, so komme, was da mag!"

Schleswig, den 20. Juni 1945

Hier in Schleswig wandert es sich so herrlich an der Schlei entlang, auf deren weitem Blau lichtweiße Segel in den Abend träumen. Es ist so wundervoll, wenn in glutroten Farben die Sonne hinter den weißen Mauern des Schlosses untergeht und einen rosigen Schimmer auf die hellblaue Flut wirft und die Baumwipfel vergoldet. Es schwebt besonders am Abend eine wunderbare Harmonie über der Schlei und der Silhouette der Stadt. Aber auch in dem kleinen Wäldchen nahe unserem Haus ist es wunderhübsch. Die hohen Buchen geben den Blick auf den See frei, der von kleinen Wäldchen umgeben einsam träumt. Nach Westen zu fällt ein leichter Abhang zum Weg. Einige schmausige Pfade führen über leichte Hügel und durch schmale Mulden … Ja, schön ist es hier, nur die Menschen wollen mir nicht gefallen, soweit ich sie kennengelernt habe. … Von drei verschiedenen Männern wurde ich heute geküßt! Toll, was? Aber wer weiß, wie lange wir noch leben. Ich will das Leben noch genießen!!!

Schleswig, 27. Juni 1945

Am Abend bin ich wieder zum Doktor gegangen, nachdem ich mich erst schlagrührend ärgerte, daß mir aus dem Rad beide Ventile geklaut worden sind.

Schleswig, d. 8. Juli 1945

Wieder habe ich einen schönen Spaziergang hinter mir. … Wir wanderten auf der Straße nach Selk entlang, die zu beiden Seiten von Buschwerk umsäumt ist, und stiegen endlich auf den Königshügel, von wo aus man einen ganz wunderschönen Blick über die Schlei, die Moore, über Schleswig, über Hügel und Wälder hat. Ich war mehr als begeistert. Ganz besonders schön war auch, daß der Wind so leis' in den Nadelbäumen sang und raunte, wie in Nidden auf dem Schlangenberg. Das ganze Land versank vor meinen Augen in ein märchenhaftes Blau, sank in ein Dämmergrau, aus dem ein leuchtendes Land emporstieg: Die Nehrung. Ich hörte den Nehrungswind von alten schönen Zeiten erzählen, sah die dunkelblaue See, das violette Haff, die weißen Dünen und den blaugrünen Wald mit den roten und gelben Dächern des Dorfes Nidden, in der Ferne sank die Sonne silberglitzernd ins Meer – und der Dampfer heulte sein Ankunftssignal - - - Erst als zum Aufbruch gemahnt wurde, erwachte ich und fand mich in der Wirklichkeit, die an und für sich gar nicht so rauh ist; aber nach diesem Traum doch so erschien. Wir hatten noch ein wenig Zeit und wanderten nach Selk. … Auch hier erinnerte mich das Bild an die Niddener Elchwildnis. Meine Phantasie malte sich dunkelbraune Elche zwischen die lichtgrünen Birken, und auf dem engen knorrigen Pfad standen Jürgen und ich wie gebannt vor einem mächtigen Tier. - - - Dieser Spaziergang hat viele liebe Erinnerungen in mir geweckt und mich wieder an meine große Liebe erinnert. Jürgen wird immer meine große Liebe bleiben!

Schleswig, d. 9. Juli 1945

Heute habe ich … den ersten Schwimmunterricht genommen! Huh, ich glaube, ich stelle mich furchtbar dumm an! Aber lernen muss ich's jetzt!

Schleswig, d. 12. Juli

Ein ziemlich sturer Tag liegt hinter mir… so mußte ich vom Morgen bis zum Abend Johannisbeeren pflücken, was aber zum Vorteil hatte, daß ich dabei futtern konnte und außerdem gab's schönes frisches Gemüse und Vollmilchsuppe.

Schleswig, d. 15. Juli 1945

Das Wetter war einfach wundervoll! Am Vormittag waren wir mit Fräulein Rehder auf der Koppel, um Erbsen zu pflücken. An und für sich ist die Arbeit ja nicht so schwer, aber die Sonne stach förmlich und verbreitete eine mörderische Hitze. Am liebsten wäre ich danach gleich ins Wasser gesprungen! … Übrigens wurde gestern das Sprechverbot der Tommies zu den Deutschen aufgehoben – jetzt passt es mir aber nicht, mich mit denen einzulassen. Die, die trotz des Verbotes mit den deutschen Mädels gingen, haben bewußt ihre Freiheit aufs Spiel gesetzt, diese gehen ja nur ihrem Vergnügen nach. … Ich weiß nicht, ich habe das Lieben verlernt, es ist gut so – aber ich würde es bei Jürgen sofort wieder wissen, was Liebe ist… Jürgen wird immer zwischen meinem Gatten und mir stehen, wenn ich ihn nicht so lieben kann wie ihn – und ich glaube, ich kann es sobald nicht.

Schleswig, 31. Juli 1945

… Ich muss gegen mich kämpfen, aber um diesen Kampf gegen die Vergnügungssucht in mir führen zu können, brauche ich eine Lebensaufgabe, die mich befriedigt, Arbeit, die ich mit Freude verrichte, einen Menschen, den ich liebe, der mir ein fester Halt ist. Nur dieses Nichtstun hat mich zur Vergnügungssucht geleitet. Der Mensch in mir, der vorher viel zu reif für die fünfzehn Jahre war, dadurch, daß er eine reine Liebe und eine feste Seelenfreundschaft empfand, wird sich jetzt erst der Jugend, der Sehnsucht nach Freude bewußt. … Vielleicht wird das anders mit den kommenden Pflichten des Lebens. Aber ich bin jetzt zu verwöhnt, zu sehr daran gewöhnt, zu herrschen, mir wird die Umstellung gewiß sauer werden. Doch ich darf in diesem Schlendrian nicht untergehen. Ich darf mich nicht gehen lassen, … muß mit eisernem Willen gegen das Weltliche, Niedere in mir kämpfen. Und doch, ist mein ganzer Verkehr hier nicht Hunger nach Bildung, nach Geistigkeit? Ja, eine Flucht vor langsamem Versturen. ... Mein Verkehr hier ist mir ein Ersatz für alles Verlorene. Ich kann mir für mein augenblickliches Verhalten gar nicht so viel Schuld geben. ...

Was mich nur etwas beunruhigt ist die Lage zu Rußland, das Schleswig-Holstein einschließlich Hamburg und Bremen beansprucht. Entweder wird klein beigegeben, oder es kommt zum Krieg. So wird man wieder vor entscheidende Fragen gestellt und kommt nicht zur Ruhe - - Nun, man kann nichts weiter tun, als abwarten!

Schleswig, 4. August 1945

Am Freitag war ich am Nachmittag mit Erni zum Baden, wo wir noch ein Mitglied der Wetterwarte kennenlernten, das uns einen schönen Aal (er und noch ein Kamerad fahren täglich aufs Noor, um zu fischen) und einiges Eßbare verehrte. Ich fand das rührend nett. Er war überhaupt recht angenehm und leistete uns nett Gesellschaft. Abends sind wir mit Fräulein Rehder dann zum Erbsenpflücken gewesen.

Schleswig, d. 7. August 1945

Nun, am Montag war ich mit Erni wieder zum Baden. Das Wasser war ziemlich kalt und aufgewühlt, aber ich ging unentwegt hinein, sogar Erni ließ sich dazu bewegen. ... Außer uns waren noch zwei Tommies mit einem Mädchen auf der Wiese und unsere Fischer auf dem See. Wir blieben dann nach dem Baden noch eine ganze Weile auf der Wiese, allerdings wegen der Kälte in eine Decke eingehüllt, was zur Folge hatte, daß der jüngere der zwei Tommies, der da eigentlich überflüssig war, uns eine Tasse Tee und gleich darauf Weißbrot, Butter und Zucker anreichte und uns gebot, uns reichlich zu bedienen. ... Nun, das war jedenfalls rührend nett und die Weißbrotschnitten dick mit Butter bestrichen mundeten herrlich. Als ich dann die Reste wiederbrachte, unterhielt ich mich noch eine Weile Englisch mit ihnen und nicht lange danach gingen wir heim...

Heute früh nun sind wir bei herrlichem Wetter um sechs Uhr zum Hafen marschiert, um nach Kappeln zu fahren. Es war wirklich sehr schön ... ich stand am Bug des Schiffes und schaute in die glitzernde Flut. Langsam schoben sich Wälder und Hügel, Wiesen und Felder an uns vorbei und boten jedesmal ein wunderschönes Bild. Bald breitete sich eine große Bucht vor uns aus, bald verengte die Schlei sich zur Schmale eines kleinen Flüßchens. In Kappeln hatten wir drei Stunden Aufenthalt und fuhren dann wieder heim, wo noch auf dem Dampfer lustig gespielt und gesungen wurde zur Aufheiterung der Laune. Besonders gut hat mir die Schlei vor Schleswig, bei Luisenlund etwa gefallen, wo sie ja auch am breitesten ist.

Schleswig, d. 11. August 1945

Am Donnerstag habe ich wieder eine neue Bekanntschaft gemacht, d.h. eigentlich kannte ich den Kleinen schon vom Sonnabend am Strand. Ich spazierte da so im Wald umher und traf den Kleinen vom Bodensee, der in einem Funkerwagen oben im Wald haust, der mich einlud, ihn mal besuchen zu kommen, was ich ja auch versprach. Er scheint ganz nett zu sein.

Schleswig, d. 16. August 1945

Langsam und träge ziehen die Stunden und Tage vorbei, nur ab und zu fällt ein Lichtstrahl in die finstere Eintönigkeit. Den größten Teil des Tages verbringe ich in der sommerlichen Natur, die mir als einziges von Schleswig-Holstein vertraut geworden ist.

Schleswig, d. 22. August 1945

Wieder ist eine Reihe von Tagen vergangen, die fest im alltäglichen Geleise liefen. Am vergangenen Freitag bin ich am Abend noch mit Erni denselben Weg gegangen, wie wenige Stunden vorher mit Hans, um ein wenig Heidekraut zu holen. Der Abend war wunderschön. Wir beide sangen einige Lieder und machten uns dann auf den Heimweg, als es langsam zu dunkeln begann. Unten an der Flüchtlingsbaracke trafen wir dann noch den Daddy von Sepp aus Frankfurt am Main, der uns noch zu einem kleinen Imbiß zu sich einlud, denn er hatte von den Tommies schönes geröstetes Weißbrot mit Aprikosen darauf bekommen. Wir ließen es uns herrlich munden und gingen um zehn Uhr in herrlichstem Mondschein heim.

Schleswig, d. 16. Oktober 1945

Eine ganze Reihe von Tagen ist wieder vergangen, ohne daß ich etwas Besonderes erlebte – ohne daß ich etwas verzeichnete. Ich war träge, aber waren die belanglosen Abwechslungen der Tage so wichtig?

Schleswig, d. 2. November 1945

Bin ich nun glücklich - oder nicht? Heute bekam ich die erste Nachricht aus Königstein - einen Brief von Jürgen. Ich hab mich ja so gefreut! Wenn der Brief auch unpersönlich wie alle letzten war, so bin ich doch glücklich, daß er lebt, daß es ihm gut geht!

Schleswig, d. 20. November 1945

Ich habe lange nichts mehr vermerkt. Aber die Tage waren mehr oder weniger mit Lesen oder Schreiben ausgefüllt. Andererseits habe ich wieder einige nette Stunden mit mehr oder weniger bekannten Menschen verlebt.

Schulbeginn

Schleswig, d. 14. Dezember 1945

Eine ganze Woche ist nun schon vergangen, die ich wieder in einer normalen Lebensweise verbracht habe. Zunächst das Alltägliche: Für mich hat nun wieder die Schule begonnen und damit auch wieder ein Ziel des Lebens. Ich muß sagen, ich fühle mich hier ganz wohl in der Klasse. Ich habe mich da ein wenig an eine reizende Berlinerin angeschlossen, die ich recht gern mag. Ach, es sind auch andere, die ich gern mag. Man lebt doch so richtig auf, wenn man unter gleichaltrigen Kameraden sich bewegt. Schon die Eröffnungsfeier war recht nett, wozu besonders das Schulorchester beitrug und die überaus herzliche Ansprache des Engländers Captain Prince, der in sehr anerkennender Weise von Deutschland als dem Land der Kunst und Kultur, der Innerlichkeit und edlen Gesinnung sprach. Er legte sozusagen Deutschlands guten Namen in unsere Hände, in die der Jugend. - -

9. War der Jahrmarkt nun in Kiel oder nicht?

Meine Großmutter wird irgendwann gegen Ende der 60er Jahre tüddelig im Kopf. Es fängt ganz langsam und ganz harmlos an. Erst beginnt sie das, was sie im Fernsehen sieht, mit der Wirklichkeit zu verwechseln. Sie erzählt einmal vom Jahrmarkt und da merke ich, es ist gar kein Jahrmarkt in der Stadt. Schließlich führt mich mein Schulweg mit dem Rad dort am Wilhelmplatz vorbei. „Doch!", besteht sie wütend darauf, an den Karussells gestanden zu haben. Schlagartig merke ich, was los ist. Bald werden die Probleme größer: Sie verschwindet ganze Tage, wird dann irgendwo an der Endstation der Straßenbahn im Süden von Kiel in Schulensee von der Polizei aufgegriffen und nach Hause gebracht. Das erste, was sie dann zu uns sagt: „Ja, dann lass uns mal nach Hause gehen!" Immer deutlicher wird es, je verwirrter ihr Geist wird, desto sicherer ist sie: Diese Wohnung in der Feldstraße in Kiel, in der sie nun so viele Jahre wohnt, das ist nicht ihr Zuhause. Dass ihr wirkliches Zuhause weit weg und zu dieser Zeit unerreichbar im Osten liegt, das weiß sie schon nicht mehr. Geblieben ist ihr aber bis zu ihrem Tod 1972 diese innere Unruhe und das abrupte Aufstehen mit den Worten: „So, nun wollen wir aber nach Hause gehen!"

Lange Jahre kann sie dann das Haus nicht mehr verlassen. Meine Tante geht zur Arbeit, meine Mutter und ich zur Schule. Unsere Großmutter wird zu Hause von der Frau unseres Hausmeisters betreut. Niemals hätte meine Tante sie in ein Heim gegeben. Die Großmutter wird über die Jahre immer verwirrter. Manchmal steht sie neben mir und sieht auf die Feldstraße hinunter. „Na guck mal, da geht die Gabi!" sagt sie zu mir, als ein kleines Mädchen auf der Straße herum läuft. Doch manchmal hat sie lichte Momente, in denen sie weint und begreift, dass es ihr nicht gut geht. Diese ganz tiefe Trauer, die hochkommt, rührt mich immer ganz besonders an. Sie, die sich immer hinter einer harten Fassade geschützt hat, sie ist dann ungemein ehrlich. Oft wird sie aber auch rabiat und weigert sich etwas anzuziehen oder ins Bett zu gehen. Es ist schwierig, mit ihr umzugehen, manchmal macht sie mich auch richtig wütend. Doch wenn sie manchmal so ganz hilflos weint, sehe ich immer das kleine Mädchen und die junge Frau in ihr, die viel ertragen muss in ihrem Leben und die sich von so vielem verabschieden muss: Erst von ihrem toten Kind. Dann zum ersten Mal von der Heimat. Dann von ihrem Mann, dann endgültig von ihrer Heimat, von ihrem Zuhause, von Freunden und den vielen Bekannten. Ich flechte ihr dann den kleinen dünnen Zopf auf, den sie immer zum Knoten mit Haarnadeln feststeckt und wenn die langen, weißblonden Haare dann lang über ihr Nachthemd fallen, sieht sie doch entspannt aus und geht friedlich schlafen.

Meine Tante stellt für ihre Mutter ihr Leben komplett um. Sie lebt ja mit ihr zusammen und hat natürlich damit auch am Meisten zu tun. Meine Mutter hat Heinz kennen gelernt und die beiden ziehen zusammen. Da die zwei Zimmer zu klein sind für uns drei, nehmen wir eine größere Wohnung im vierten Stock, nun eine Etage über der Tante und der Oma. Die Bindung ist aber immer noch sehr eng, ich bin oft bei der Tante und der Oma, klar, denn dort steht der interessante Fernseher, den wir oben in der Mitte der 60er noch nicht haben. So habe ich dann auch immer viel Kontakt zu Oma und Tantchen.

Irgendwann kommt Tantchen mit der Nachricht, dass jemand verstorben ist von der Familie von Tante Minna Müller, geborene Nern - der Schwester meiner Oma. Aus unserer Familie muss also einer zur Beerdigung fahren. Ich bin man gerade fünfzehn und komme als Vertretung der Familie somit wohl noch nicht in Frage. Meine Mutter winkt gleich ab, sie hat kein besonderes Interesse an der Verwandtschaft, die man selten sieht. Also fährt Tantchen nach Espelkamp. Am Freitag nach der Arbeit im Kirchenamt in der Dänischen Straße. Am Sonntagabend kommt sie zurück und ist völlig aufgedreht: „Das war ja soo herrlich!" Meine Mutter und ich sehen uns etwas verwirrt an: War das nicht eine Beerdigung? Tantchen klärt es sofort auf, sie kann es nicht für sich behalten: Sie hat Bruno kennen gelernt, und sie haben sich Knall auf Fall ineinander verliebt. Er ist verheiratet und Fabrikant. Scheiden lassen wird er sich nicht, das ist von Anfang an klar. Die Firma, das Kapital seiner Frau in der Firma. Aber er will ein Leben mit unserem Tantchen. Schon am nächsten Wochenende rauscht er in der Feldstraße vor in seinem riesigen beigen Chevrolet Impala Cabrio mit den Sitzen aus dickem rotem Leder. Fast fünfeinhalb Meter lang. Ich bin sehr schwer beeindruckt und er gewinnt sofort mein Vertrauen. Am Montag früh fährt er mich mit offenem Verdeck zur Schule mit seinem Schlitten und da stehen auch erst einmal alle Kopf: Der ältere Herr mit den weißen Schläfen und der dunklen Hornbrille, was hat der mit dem Schulmädchen zu tun? Viele Fragen stellen sich da für die Schüler und die Lehrer. Ich grinse und antworte nicht.

Die Geschichte geht jahrelang mit den beiden und unser Tantchen erlebt noch einmal spät in ihrem Leben Liebe und Zärtlichkeit. Es ist für sie wie ein Traum: Sie fahren zusammen nach Sylt, sie fahren in die Alpen, sie fahren nach Malente. Irgendwann kommt er mit der Idee, in Malente ein Haus zu kaufen und mit ihr dort zu wohnen. Meine Tante, die sicher nie einfach mal nur an sich und an ihr kleines Glück denken will, sie hat auf einmal Bedenken. Will die verwirrte Großmutter nicht alleine lassen. Will nicht von Kiel weg. Will auch die Arbeit nicht aufgeben. Als sie pensioniert wird, ist er schon wieder weg. Er kann und will nicht solange warten, bis sie sich für ihn entscheidet.

10. Ich fahre in die „kalte Heimat" – endlich!

Eine erste Reise in die Vergangenheit mache ich im schönen Monat Mai 1991. Die Mauer mitten in Europa fällt im November 1989 - was wir alle kaum jemals für möglich gehalten hätten. Im ersten Bus, der von Kiel aus nach Ostpreußen fährt, sitzen nun die sogenannten „Sehnsuchtstouristen", alle über 80 Jahre alt, manche sogar schon weit über 90. Sie alle eint die Sehnsucht nach der „kalten Heimat". Der Bus ist voll mit über 40 Menschen, die klaglos die lange Fahrt auf sich nehmen, nur um ein letztes Mal auf ihrer Heimaterde zu stehen. Das Kieler Busunternehmen spezialisiert sich auf diese Fahrten, beantragt die Visa für die noch völlig neue und komplizierte Reiseroute: Wir fahren drei Tage lang im Bus dorthin - über Posen und Brest, wo wir jeweils übernachten. Dann fahren wir am dritten Tag den ganzen weiten Bogen wieder zurück an die Ostsee. Durch die hellen Birkenwälder von Litauen. Auf dem Weg nach Kaliningrad halten wir in Gusev - dem alten Gumbinnen. Ich stehe fünfzehn Minuten ganz andächtig dort und mache Fotos. Für meine Mutter.

Ich denke wieder an die Geschichten meiner Kinderzeit. Dunkle Geschichten von Elchen, der Kurischen Nehrung, dem Haff und den alten, verwitterten Fischern mit den Kurenkähnen. Geschichten von den hellen Birken der lichten Wälder und von den dunklen Kiefern. Ich beschließe, einen der zwei Tage auf der Kurischen Nehrung zu verbringen. Ich finde dort alles wieder, so wie ich es mir immer vorgestellt hatte. Sogar ein mächtiger großer alter Elch steht an der Straße.

Ich fahre nach Neringa auf der Kurischen Nehrung. Früher heißt es Schwarzort und es liegt inzwischen in Litauen, denn ziemlich am Anfang der Kurischen Nehrung ist mittlerweile die merkwürdigste

Grenze, die ich in Europa sehen kann. Die Grenze zwischen dem Oblast Kaliningrad und Litauen. Ein kleines Holzhäuschen, mitten im dunklen Wald. Kein Schlagbaum, gar nichts. Als mein Taxifahrer hupt, kommt ganz langsam und bedächtig ein uniformierter Mann aus dem Dunkel. Die beiden reden ein wenig und mein Fahrer weiß, wie es geht: In meinen Pass kommt ein zehn-Mark-Schein hinein für die Passkontrolle und weiter geht die Fahrt ganz schnell, ohne Stempel und ohne Probleme. Ich habe alle meine Sinne auf Alarm gestellt. Aber wir fahren nur durch dunklen Wald, viele, viele Kilometer lang. Auf einer alten Straße, der man ansieht, dass sie einst für Panzerkolonnen gebaut wurde. Ich sehe ein Ortsschild, Nida, das alte Nidden. Der Ort liegt rechts von der Straße, sehen kann ich nichts, nur die Bäume. Denn wir fahren erst einmal weiter bis zu dem Fischerdorf Neringa. Ich steige aus an der Wasserseite, gehe zum Haff hinunter und stelle fest, dass hier 50 Jahre lang die Zeit stehen geblieben ist. Wie auf den wenigen vergilbten alten Schwarzweiß-Fotos, die meine drei Frauen aus der Heimat retten, so sieht es hier aus: Die Reusen und die Netze der Fischer hängen zum trocknen auf den Zäunen. Alle Häuser hier in Litauen sind gut gepflegt, ganz anders, als im Oblast Kaliningrad. Dort ist wohl kein Geld vorhanden, mit dem man die Häuser instand halten könnte. Es gibt dort noch viele Ruinen und das tief in mir gespeicherte Grauen beschleicht mich an vielen Stellen. Aber hier in Litauen ist alles ganz anders: Die Häuser sind sehr gut und liebevoll gepflegt und frisch gestrichen, die Gärten sind bunt und voller Blumen, man merkt, hier können sich die Menschen wieder ein wenig Luxus leisten.

Ich gehe spazieren in dem kleinen Ort. Sehe ein ganz neu gebautes, modernes Sanatorium und gehe dann die gepflegte Uferstraße am Haff entlang. Fischen ist noch der Haupterwerb in Neringa. Der Tourismus ist hier noch kein Wirtschaftszweig. Wir sind alle zusammen eine kleine Pioniergruppe, meine Senioren und dazu ich, das Küken in dem Verbund. „Was willst denn hier inner kalten Hejmat, Marjellchen?", fragen mich die Alten während der langen Fahrt in die Vergangenheit und ich erzähle von meiner Familie und davon, dass ich dieses mir eigentlich fremde Land besser kenne, als jedes andere auf der Welt. Ich, die ich zweisprachig aufgezogen wurde - meine Großmutter spricht immer nur ostpreußisch mit mir und hochdeutsch lerne ich so nebenbei - ich komme fast sofort in die ostpreußische Sprache hinein, die meine Mitreisenden wie selbstverständlich sprechen. Ganz schnell bin ich in dieser Gruppe das kleine Marjellchen, das alle in ihr großes Herz schließen. Die Tränen kommen mir, als die Alten „ihr" Ostpreußenlied anstimmen, auf der anstrengenden Busfahrt durch die Nacht:

> 1. Land der dunklen Wälder
> Und kristall'nen Seen,
> Über weite Felder
> Lichte Wunder geh'n.
>
> 2. Starke Bauern schreiten
> Hinter Pferd und Pflug;
> Über Ackerbreiten
> Streicht der Vogelzug.
>
> 3. Tag hat angefangen
> Über Haff und Moor.
> Licht ist aufgegangen
> Steigt im Ost empor.
>
> 4. Heimat, wohlgeborgen
> Zwischen Strand und Strom,
> Blühe heut und morgen
> Unterm Friedensdom.
>
> 5. Und die Meere rauschen
> Den Choral der Zeit.
> Elche steh'n und lauschen
> In die Ewigkeit.

Mein Chauffeur, der mich fünf Mark pro Stunde mit Auto und Kilometern kostet, der will mich ständig fotografieren. Auf dem Weg zurück machen wir dann natürlich in Nidden Station. Hier ist der Tourismus schon ein wenig angekommen, das merkt man deutlich. Gepflegte Häuser überall, es gibt natürlich ein Thomas-Mann-Museum mit deutschem Werbeschild und überall kleine Grüppchen, die durch den Ort wandern. Ich höre fast nur deutsch in den Straßen. Die hohen Dünen sind auch immer noch da. Sie sind am unteren Rand bepflanzt, damit sie nicht mehr wie viele Male früher die kleineren Häuser und ganze Dörfer verschütten können. Auch das ist eine Geschichte meiner Kindheit, die natürlich meine blühende junge Phantasie jahrelang beschäftigt.

Die Fahrt am zweiten Tag mache ich mit dem Reisebus und der ganzen Gruppe. Es geht nach Svetlogorsk, in das alte Rauschen. Wie oft habe ich die Geschichten meiner Tante von dort aufgesogen: Von Rauschen schwärmt sie ganz besonders, macht sie doch dort oft Urlaub. Ihre Hochzeitsreise 1940 mit Otto geht allerdings nach Nidden. Davon gibt es noch Fotos mit den zwei glücklich lachenden Menschen. Als könnte man dort am Ostseestrand das ganze Grauen dieses Krieges komplett ausblenden. 1942 ist er tot, gestorben im Kampf um Leningrad. Tante Erna bleibt nichts als ein Foto des Grabkreuzes aus Holz und die Erzählungen. Sie will nie wieder heiraten: „Und dann hat er zu mir gesagt, er will ganz viele kleine Mädchen mit mir bekommen und die sollen alle so süß sein, wie ich!" Schon bald ist er wieder an der Front, zu kurz der Heimaturlaub, um schwanger zu werden, zu unsicher auch die Zeit und zu verängstigt meine Tante Erna: Es wird nichts mit den eigenen Kindern und so werde ich dann später ihr süßes kleines Mädchen, das sie immer gerne maßlos verwöhnt.

An der Steilküste in Rauschen bin ich überwältigt: Es ist hier bei mir um die Ecke in Dänisch-Nienhof zwar genauso schön, die hohen Buchenwälder gehen auch hier bis ans Meer an einer wilden Steilküste - aber dort in Ostpreußen ist alles dreimal so hoch und noch viel wilder. Ich fahre im riesigen Fahrstuhl an den Strand hinunter und schaue aufs Meer. Rau ist die See hier, ganz anders, als die zahme Ostsee bei mir in Strande. Hier ist das Meer so aufgewühlt wie es bei uns in Schleswig-Holstein an der Nordsee ist - auch hier peitscht der Westwind die hohen Wellen an den Strand. Ich denke an Hörnum auf Sylt und weiß nun, warum meine Mutter sich hier an der Nordsee immer so frei und ungebunden fühlt, wenn wir dort zusammen Urlaub machen. Zum ersten Mal 1956 in einer kleinen Pension und dann später immer die ganzen sechs Wochen der Sommerferien, die sie als Lehrerin ja hat. Frei und unbeschwert ist unser Zusammenleben da, die Familie mit ihren strengen Regeln ist weit weg und meine Mutter kann das Nachtleben in der „Seekiste" am Hörnumer Hafen und die entspannten Strandtage im Strandkorb am FKK-Strand mit mir genießen. Ich denke, das Meer auf Sylt erinnert sie an die alte Heimat, auch wenn sie mir so etwas natürlich nie sagen würde.

Auf der Rückreise fahren wir wieder durch Gumbinnen. Weg von Kaliningrad, was von Königsberg nicht mehr viel hat: Alles ist Plattenbau, recht neu aber auch langweilig, dazu auch ziemlich heruntergekommen. Der Dom liegt noch in Trümmern, ohne Dach als Ruine steht er dort wie ein Mahnmal. Der Rest der Stadt hat noch ein paar alte Häuser - aber die sind richtig alt und dazu völlig verwittert. Überall auf der ganzen Fahrt wird unser Reisebus mit dem weißen deutschen Kennzeichen bestaunt wie eine bunte Murmel. Sobald wir halten, kommen kleine Jungs angerannt mit Postkarten, die sie verkaufen wollen. Eine Mark wollen sie pro Karte und sie haben den Kapitalismus im Gesicht: In den Geschäften in Kaliningrad kostet so eine Karte etwa einen Pfennig. Ich denke, viele der Touristen haben diese Kinder schon längst verdorben mit diesen astronomisch hohen Gewinnen. Schnelles Geld ist das dieser Tage in Ostpreußen und viele Mütter machen sich Gedanken, wie das alles ihre Kinder verdirbt.

Die Fahrt geht zurück nach Hause, wieder drei ganze Tage. Ich schaue aus dem Fenster und weine alle meine Traurigkeit hinaus. Dabei beschließe ich: Ich werde wiederkommen. Dieses Land, dieser wunderschöne Flecken Erde hat mir so viel weggenommen, dass ich auch etwas wiederhaben will: Und wenn es die intakte Natur ist, in der wir die ganze Rückfahrt über tausende von Störchen nisten sehen. Hoffentlich nagt der Zug zur Moderne nicht zu schnell die wunderschönen alten Baumalleen ab, die uns noch bis zur Grenze nach Russland begleiten. Kurz vor der Grenze nach Litauen sehe ich schon Baumaschinen, die die alten Alleen abholzen: Breite Straßen werden hier gebaut und der Stillstand von über 50 Jahren ist damit endgültig vorbei.

Auf der Rückfahrt halten wir wieder in Brest und übernachten im gleichen Hotel wie auf der Hinfahrt. Wir kommen dort sehr spät an und meine alten Leutchen strömen völlig erschlagen von den vielen Eindrücken in ihre Betten. Ich bin zwar auch völlig überdreht, schlafen kann ich jetzt aber noch nicht, obwohl ich müde bin. So gehe ich an die Hotelbar runter auf ein Getränk. Eine hübsche junge Frau zieht mich plötzlich an Ärmel und gestikuliert wild. Ich schaue sie etwas verständnislos an und lache freundlich. Das kann ja so falsch nicht sein. Sie zieht mich durch eine Tür in einen kleinen Saal und ich verstehe: Ich bin ganz überraschend zu einer großen Hochzeitsfeier eingeladen. Die Tische im Saal biegen sich unter dem üppigen Essen und den vielen Getränken. Es wird gelacht und getanzt, die paar russischen Worte, die ich kann, helfen der Verständigung: „Druschba" kann ich sagen und „Mir" und „Babuschka Kaliningradskij". Der Abend wird lang und endet für mich gegen sechs Uhr morgens. Schlafen kann ich schließlich am nächsten Tag während der langen Busfahrt noch genug. Der Wodka fließt in Strömen und ich merke, dass hier die echte slawische Gastfreundschaft gelebt wird. Die Russen singen die ganze Nacht ihre schwermütigen Lieder, die mich wieder zum Weinen bringen: Auch ich habe diese Heimat im Osten verloren, wie einst meine Familie. Und auch ich habe ein wenig von dieser immer traurigen russischen Seele mitbekommen.

11. Von Rauschen schwärmt mein Tantchen immer

Im September 1992 fahre ich wieder in die „Kalte Heimat". Das Kieler Busunternehmen hat es geschafft, diesmal eine kürzere Route anzubieten. Wir dürfen nun schon den Grenzübergang in den Masuren benutzen und fahren somit über Allenstein nur zwei Tage hin und zwei zurück, dafür bleiben wir dann aber vier ganze Tage in Ostpreußen. Wieder bin ich das kleine Marjellchen, alle anderen sind weit älter als ich. Bis auf einen: Der kommt aus Tarp bei Flensburg und begleitet seinen alten Nachbarn. Immer sagt der dem: „Wenn das irgendwann mal wieder möglich ist, dann fahren wir dahin!" Sie machen es wahr, die beiden. Da wir die ganze Fahrt über zusammen hinten auf der letzten Bank sitzen, wachsen sie mir natürlich schnell ans Herz. Ganz besonders der alte Mann, der stundenlang Witze in seinem herrlichen ostpreußischen Platt erzählen kann. Ich liege fast unter der Bank vor Lachen, wie lange habe ich diese schöne Sprache nicht mehr gehört!

Wir wohnen diesmal in Georgenswalde bei Rauschen, nicht in Königsberg. Von Rauschen schwärmt ja mein Tantchen immer, ich liebe es sehr. Das Hotel ist sauber und ordentlich. Ich nehme mein Zimmer, packe meinen Koffer aus - das lohnt sich ja diesmal - und will gerade wieder nach unten. Auf dem spärlich beleuchteten Flur steht urplötzlich ein großer Mann vor mir. „Wolle kaufe, Bernstein!", flüstert er verschwörerisch und ich lache: „Njet, spassiba!" Am nächsten Tag beschließen die beiden Männer aus Tarp und ich, dass wir uns zusammen ein Taxi mieten wollen. Wir begrüßen einen netten jungen Mann mit einem sehr alten Auto. Michail spricht recht gut Deutsch. Er erzählt uns, dass sich viele in Königsberg jetzt auf die „Sehnsuchtstouristen" eingestellt haben. Die jungen Russen sind alle ausgerüstet mit den alten Stadtplänen und den alten Karten, die noch die deutschen Namen aufzeigen. So ist es einfacher für die heutigen Bewohner, das zu finden, was die alten Ostpreußen suchen. Der alte Herr aus Tarp sucht sein Heimatdorf Groß-Guden, das es nicht mehr gibt. Er weiß das schon lange, will aber noch einmal in seinem Leben auf seiner Erde stehen. Da die Richtung stimmt und ich nach Gumbinnen möchte, fahren wir zusammen.

Die Fahrt nach Groß-Guden ist makaber. Es steht nichts mehr in diesem Grenzland zwischen Russland und Polen. Ganze Dörfer sind hier ausradiert worden und der Taxifahrer erzählt, dass mit den Ziegelsteinen Leningrad wieder aufgebaut wurde. Der alte Herr wird ganz starr, als wir dem Ort näher kommen. „Jetzt rechts!", sagt er und dann „Jetzt links!". „Jetzt wieder rechts!" Er weiß ganz genau, wo wir sind, obwohl er so lange nicht mehr hier war. An der Straße sehen wir ein paar Reste von roten Ziegelsteinen, die uns beweisen, dass wir da sind, wo er hin will. Er bittet den Taxfahrer, anzuhalten, wir wollen zu Fuß weiter. „Dort unten am Bach gibt es schöne große Champignons, da können Sie ihrer Frau welche fürs Abendessen pflücken!", strahlt er Michail an. Dann gehen wir zu dritt los. Einen kleinen Pfad am Bach entlang.

„Dort hat die Schule gestanden!", zeigt uns der Alte. „Und hier habe ich gewohnt." Ergriffen steht er vor dem Nichts. Wieder zeigen uns ein paar Ziegel im Boden, dass er recht hat. Die kleine Brücke ist noch intakt, er sieht nach rechts, da kommt ein großer grauer Wassertankwagen auf die Brücke zu. Die Bauern wollen das Vieh tränken. Vorher beschreibt er uns gerade, wie 1945 die russischen Panzer auf ihn zu kommen, an einer kleinen Anhöhe, dem alten Friedhof zwischen Klein-Guden und Groß-Guden. Der Alte wird plötzlich ganz starr, als er den Tankwagen sieht: „Erbarmung! De Russe komme!" Mir jagen die Schauer eiskalt über den Rücken. Ganz nah ist der Krieg hier plötzlich, die Zeitmaschine hat grauenhaft gut funktioniert.

An seinem alten Haus erzählt er, dass es vergrabene Kisten gibt im Garten, mit Silber und vielem mehr. „Eigentlich müsste mal jemand hier suchen", sinniert er. Aber dass das schwierig ist, weiß er natürlich. So fahren wir dann auch bald wieder weg. Er hat alles gesehen, was er sehen wollte. Er weiß, auf dieser Erde wird er nie wieder stehen, nur dieses eine Mal noch. Er ist weit über 90. Noch einmal hier sein, das ist alles, was er will. Auch wenn es schmerzt, er muss noch einmal hier stehen, wo der kleine Bach fließt. Als wäre nichts gewesen. Michail kommt zum Auto zurück. Er hat tatsächlich eine große Plastiktüte voller schönster Champignons mitgebracht.

Wir fahren den Weg zurück nach Gumbinnen. Michail erzählt von seiner Familie. Auch er hat Trauer in seinem Herzen, wie wir alle: Deutsche Soldaten erschießen seinen Großvater, als sie in sein Haus eindringen. Sein Vater ist da gerade geboren, er ist zwei Stunden alt. Meinen Großvater könnten vielleicht russische Soldaten erschossen haben. So grausam ist unsere Vergangenheit, dass wir uns umarmen müssen und uns versprechen, dass wir nie vergessen werden, was passiert ist in Europa. Wir sind beide glücklich über diesen Moment und wir freuen uns, dass wir keine Feinde mehr sind, sondern Freunde geworden sind mit den Jahren. Ich sage „Druschba" und „Mir", das passt zu der Ergriffenheit dieses Augenblickes.

Der Tag ist schon sehr weit vorangeschritten und wir könnten gut mal etwas essen. Ich grinse die drei an und sage: „Ich lade Euch alle zum Essen ein!" Irgendwie ist mir schon klar, dass ich für so wenig Geld nie wieder vier Leuten das Essen ausgeben kann. Etwa 1,50 DM muss ich schließlich umgerechnet bezahlen nach einem schmackhaften drei-Gänge-Mahl in einer sogenannten Volkskantine. Sie liegt direkt an der Pissa im guten alten Gumbinnen. Es gibt Säfte, die schmecken noch richtig wie Obst. Dann eine Suppe und dann ein Fleischgericht mit Soße, Gemüse und Kartoffeln. Zum Schluss nehmen wir Grießpudding mit eingemachten Kirschen. Ich schließe die Augen und sehe meine Kinderzeit vor mir. So hat das damals immer geschmeckt bei Oma, das weiß mein Körper noch immer. Diesen Geschmack können wir heute nicht mehr finden dank der vielen Konservierungsstoffe.

In den nächsten drei Tagen machen wir die Fahrten mit der Reisegruppe mit. Wir sind auf dem Markt in Cranz, da gibt es nur ein ganz knappes Angebot. Kleine uralte Mütterchen mit Kopftuch sitzen da, sie erinnern mich an meine Oma, die auch immer gerne ein Kopftuch trägt. Vor den Frauen liegen mal zehn Tomaten oder vier Gurken oder sechs Äpfel. Sie warten darauf, dass jemand etwas kauft. Doch die anderen Menschen haben ja auch alle nichts. Ich kaufe einer dieser alten Mütterchen einen Apfel ab. Es tut mir weh, sie da sitzen zu sehen, so arm, dünn, alt und hoffnungslos. Nach dem Markt gehen wir an der Promenade spazieren. Das Meer ist wild und vom Wind aufgepeitscht. Karl-Heinz, unser Reiseleiter, flirtet mit seinen ostpreußischen Marjellchens, die ihn alle sehr lieben. An der Promenade treffen wir zwei alte Frauen mit Kopftuch und Kittelschürze, dazu abgewetzte Strickjacken und blickdichte braune Strümpfe, die sich ein wenig rollen über den ausgetretenen flachen schwarzen Schuhen.

Am nächsten Tag machen wir eine Stadtbesichtigung in Königsberg und am letzten Tag fahren wir auf die Kurische Nehrung nach Rossitten. Es gibt dort tatsächlich noch die alte Vogelwarte, in der schon vor dem Krieg die Vögel beringt werden. Wir sind beeindruckt von den vielen wissenschaftlichen Informationen dieses Hauses. Unsere russische Reiseleiterin Tanja schenkt mir einen Silberring, den ich noch heute habe.

Der letzte Abend bringt noch einen Höhepunkt: Die alten Leutchen gehen ins Bett, schließlich haben wir wieder zwei Tage stramme Fahrt im Bus vor uns. Karl-Heinz zwinkert mir zu und meint: „Du kommst doch noch mit, oder?" Ich weiß zwar nicht wohin, aber na klar komme ich mit. Wir fahren mit einigen russischen PKW zu einem anderen Hotel. Dort geht es sofort tief in den Keller, es öffnet sich ein riesiger Saal mit Bühne, in dem zunächst einmal aufgetischt wird. Es gibt alles vom Feinsten inklusive russischem Champagner und Kaviar. „Ganz schön dekadent!" denke ich gerade, als es noch dekadenter wird: Ein Vorhang geht auf und eine Truppe bildhübscher junger russischer Tänzerinnen tritt auf. Sie versüßen uns das Mahl mit ihren lasziven Bewegungen und irgendwann, als das Essen vorüber ist, fallen dann auch die letzten Hüllen. Spät in der Nacht sind wir wieder an unserem Hotel und Karl-Heinz grinst: „Na, das hat sich doch gelohnt, oder?"

Auf der Rückfahrt am nächsten Tag weine ich nicht so viel wie beim ersten Abschied von Ostpreußen. Ich freue mich, dass ich nun doch noch einmal hingefahren bin, nachdem ich an der zunächst geplanten Fahrt im Mai nicht teilnehmen konnte. Ich rede auf der Rückfahrt viel mit dem alten Mann aus Tarp. Lange vergessene und verdrängte Wörter kommen mir wieder ins Gedächtnis: Ich baue mir ein kleines Wörterbuch auf.

Aasen – vergeuden. Appeldwatsch – verquer. Asig – stark. Ausbaldowern – auskundschaften. Ausglitschen – ausrutschen. Babbeln –

schwätzen. Bedammelt – benommen. Bekoddert – unwohl. Bedripst – traurig. Bekakeln – besprechen. Benuschelt – betrunken. Berappeln – sich aufraffen. Bibbern, bubbern – frieren. Biestig und boßig – böse. Bölken – herumschreien. Dassel, Deetz – Kopf. Dammlich – dumm. Dribbeln – tropfen. Drusseln – schlafen. Fislig – nervös. Flunsch – Mund. Flinsen – Kartoffelpuffer. Fupp – Tasche. Glubschen – böse gucken. Glumse – Quark. Gnaddrig – nörgelig. Gniddern – kichern. Gnubbel – Zwerg. Grabbeln – greifen. Grips – Verstand. Hubbern – frieren. Hucken – sitzen. Jankern – wollen. Juchen – jauchzen. Kabbeln – streiten. Keilchen – Klöße. Kiewig – dreist. Knubbel – Beule. Knutschen – küssen. Koddrig – krank. Kullern – rollen. Lachodder, Lorbaß – Lümmel. Lucht – Dachboden. Luchtern – hell. Muksch – eigensinnig. Mutzkopp – Ohrfeige. Nuscht nich – nichts. Päsen – laufen. Piesacken – quälen. Pinglig – überkorrekt. Plachandern – reden. Pladdern – regnen. Plieren – gucken. Plietsch – schlau. Plinsen – weinen. Plustern – aufbauschen, wichtigmachen. Porren – drängen. Pranzeln – betteln. Puscheien – streicheln. Rachullen – raffen. Rebbeln – auflösen. Rabauke – Lümmel. Rumlungern – herumtreiben. Schlackern – schütteln. Schmand – Sahne. Schlorren – Pantoffeln. Schabbern – viel reden. Schärbeln – tanzen. Schiepserchen – Küken. Schmadder – Morast. Schmirgeln – braten. Schlunzig – unordentlich. Schummrig – dunkel. Schurigeln – maßregeln. Schwummrig – schwindelig. Spidderig – zart, dünn. Striezen – stehlen. Stulle – Brotscheibe. Triezen – quälen. Überkandidelt – übergeschnappt, überheblich. Verbiestern – verirren. Verhubbert – verfroren. Verklammt – kalt. Verloddern – verkommen. Verpimpeln – verweichlichen. Verruscheln – zausen. Wurrachen – arbeiten. Zagel – Schwanz. Zergeln – ärgern. Zerpliesern, zerrebbeln – zerreißen. Zoddern – zausen. Zwingen – schaffen.

An vieles davon erinnere ich plötzlich wieder. Ganz klein werde ich auf dieser Fahrt nach Hause und als ich nach zwei langen Tagen mit strammer Busfahrt wieder in Strande ankomme, bin ich wieder ein ganz kleines Kind. Zuhause angekommen, drücke ich meine Kinder Sara, Carlos und Carmen, die sich wahnsinnig freuen, dass ich wieder da bin. Ich bete, dass wir keinen Krieg erleben. Es ist zu schlimm, was da mit den Menschen einer ganzen Generation und auch noch mit ihren Kindern und Enkelkindern passiert. Generationen, die angeblich die Gnade der späten Geburt erleben und die angeblich gar nicht betroffen sind.

12. Familienforschung: Gumbinnen ist heute im Internet

Die Geschichte mit Kurtchen hat mich oft beschäftigt. Immer wieder wird von ihm erzählt, ich sehe ihn auf einem Foto von 1942. Ganz ernst und tieftraurig sieht er da aus. Ein hübscher Junge. Mein Tantchen hat mir viel von ihm erzählt. Er ist der älteste Sohn von Fritz Nern, dem Bruder meines Opas. Zimmermann war der Fritz. Tantchen kann sich noch erinnern, wie bestürzt sie alle in der ganzen Familie sind, als Kurt am 17. September 1943 stirbt. Nie wird mir erzählt, warum er stirbt, es heißt nur, er sei gefallen im Krieg mit nur 21 Jahren. Erst bei meinen jetzigen Recherchen zum Thema erfahre ich, dass er als Kampfpilot über dem sonnigen Griechenland abgeschossen wird. Schließlich trägt er auf dem einzigen Foto, das ich von ihm habe, die Uniform der Luftwaffe. Man hätte darauf kommen können, dass er wohl schon gewusst hat, was er tut. So ernst, wie er auf dem Foto dreinschaut, war es sicher so, dass er ahnte, was ihm bevorsteht. So war er eine der Legenden meiner Kinderzeit und ich fand ihn als junges Mädchen sehr hübsch. Ebenso hübsch fand ihn sicher mein Tantchen, obwohl sie fast neun Jahre älter war als er. Meine Mutter, die sechs Jahre jünger war als er, hat auch heftig für ihren Cousin Kurt geschwärmt, hat mir Tantchen einmal verraten.

Seine Schwester Edith hat eine Tochter bekommen, die auch wieder zwei Töchter hat. So nehme ich Kontakt auf zu der Familie. Gefunden habe ich sie alle im Internet. Meine Mutter frage ich ein paarmal, ob ich nicht mal nach den Verwandten suchen soll. Aber sie ist strikt dagegen. Hinter ihrem Rücken will ich nun auch nicht suchen und so schalte ich erst ein paar Monate nach ihrem Tod eine kleine Suchanzeige auf der Internetseite von Gumbinnen. Da bekomme ich doch fast sofort eine Antwort. Klaus betreut die Seite ehrenamtlich und er weiß alles. Ein paar Daten fehlen ihm, die sende ich ihm gerne - im Gegenzug erfahre ich, wo die Nachkommen von den Geschwistern meines Großvaters abgeblieben sind. Zwei aktuelle Telefonnummern gibt er mir: Besonders die Krummchen interessieren mich, hat doch mein Tantchen immer ganz begeistert von den lustigen Festen dort erzählt. Sie ist es auch, die über viele Jahre immer den Kontakt zu den Verwandten hält, aber nach ihrem Tod 1986 schläft das ein.

Mein Großvater hat vier Geschwister: Otto, der älteste, der keine Kinder hat und schon kurz nach dem Krieg stirbt. Dann Fritz, dann Auguste, die auch kinderlos bleibt und schließlich Minna, die jüngste, die sich mit Fritz Krumm aus dem Dorf Walterkehmen verheiratet. Die haben drei Töchter und den Sohn Rudolf. Verheiratet hat sich der mit Lieselotte, die noch lebt und mit der ich telefonieren kann. Sie erzählt mir, dass ihr Mann nicht mehr lebt, aber dass sie zwei Söhne und eine Tochter hat, die auch wieder Kinder haben. So gibt es eine Menge muntere „Krummchen" und ich freue mich, dass ich sie gefunden habe. Sie erinnert sich auch an meine Tante und sagt, sie hatten immer Kontakt miteinander. Aber das sei schon lange her.

In der anderen Linie, den Nachkommen von Fritz Nern, finde ich Anette. Ihre Mutter Edith lebt nicht mehr, aber der Vater. Wir entdecken ganz viele Gemeinsamkeiten und sie freut sich riesig, dass ich mich gemeldet habe. Schließlich waren ihr Großvater und mein Großvater Geschwister. Zuerst telefoniere ich ja mit ihrem Vater, der ganz aufgeschlossen mit mir plaudert. Sicherlich erzählt er das am nächsten Tag sofort seiner Tochter, die ganz aufgeregt bei mir anruft und nach einem längeren Gespräch lachend zu mir sagt: „Na ja, zuerst war ich etwas besorgt, als mein Vater mir das erzählte. Man hört ja so oft von Betrügern, die sich gerade alte Leute vornehmen."

Natürlich ist ihr das alles zunächst mal sehr suspekt. Aber wir finden schnell zueinander. Auch sie ist Lehrerin an Grund- und Hauptschulen wie meine Mutter. Sie hat mehr Glück als meine Mutter: Die will immer, dass ich Lehrerin werde - was ich aber auf gar keinen Fall will - aber Anette hat eine Tochter, die Lehrerin ist. Am Gymnasium für Deutsch, Geschichte und Erdkunde. Die andere Tochter, die ist mehr so meinen Weg gegangen, die ist Journalistin beim Fernsehen. Wir reden lange, auch über unsere Kinder, und wir stellen fest: Irgendwas ist doch da gemeinsam in den Genen.

Die Ostpreußen und ihre Nachkommen sind immer wieder ein Thema in meinem Leben. Oftmals mag ich jemanden und stelle erst im Nachhinein fest, oh, das ist ja jemand aus der „Kalten Heimat". So beginnt auch meine Freundschaft mit Inge. Inge ist auch so eine von den Marjellchen. Sie lebt genau wie ich in Strande. Ganze sechs Jahre alt ist sie, als sie in Ostpreußen auf die Flucht müssen im Januar des eisigen Winters 1945. Die Flucht über das zugefrorene Haff, die im Eis eingebrochenen Pferdegespanne, das Schreien von Mensch und Tier, alle diese Bilder, die wir aus den alten Dokumentarfilmen kennen, sie hat das alles gesehen, gehört und in ihrem jungen Geist abgespeichert. Sie kommen dann doch trotz aller Gefahren heil am Hafen von Pillau an, da liegt die Gustloff. Inge erzählt: „Wir drei Kinder sind schon fast an Bord der Gustloff, da heißt es, die Mutter soll nicht mitkommen. Na, da ruft sie sofort, dass die Kinder nicht raufgehen sollen auf das Schiff. Alle oder keiner sagt sie." Was für ein Glück so eine kluge und starke Mutter zu haben…

In Strande gibt es eine Menge Lorbasse und Marjellchen. Dazu ihre vielen Nachkommen. Viele Flüchtlinge landen in der kleinen Bucht, zum Teil mit ihren eigenen Booten. Meist sind es Fischer. Sie kommen von weit her, fahren über die Ostsee und sie landen da, wo es so ähnlich aussieht wie in der alten Heimat. Sicher sind sie im Anfang nicht von allen gerne gesehen, aber sie sind fleißig und mit der Zeit werden sie akzeptiert. Irgendwann ist es auch vorbei mit den Nissenhütten, die in Strande südlich des Ortes aufgebaut sind. Neue Häuser werden gebaut und das kleine Fischerdorf wächst beachtlich. Jahrzehnte später sind die Unterschiede nicht mehr so deutlich. Doch auch heute noch kann man die typischen ostpreußischen Namen im Telefonbuch von Strande finden. Es gibt immer noch eine Menge davon.

13. Und heute?
Atomraketen nach Kaliningrad?

„Ein Hauch von Kaltem Krieg weht seit einigen Wochen durch die russisch-amerikanischen Beziehungen. Die USA sind entschlossen, in Europa einen Schutzschild gegen ballistische Raketen zu errichten. Die Russen, in Angst um das Abschreckungspotential ihrer Atomwaffen, haben daraufhin moderne Flugabwehrraketen des Typs S-400 nach Kaliningrad verlegt und sogar gedroht, dort nuklear bestückbare Kurzstreckenraketen zu stationieren. Moskaus Nato-Botschafter sagte dem SPIEGEL, mit diesen Waffen könne man ‚die Nato-Raketenabwehr vernichten'." Das berichtet Spiegel-Online am 5. Februar 2012. Da habe ich meine erneute Reise nach Ostpreußen allerdings schon gebucht. So richtig wohl ist mir jetzt nicht mehr dabei. Gebucht habe ich, weil ich auf alle Fälle noch ein neues Bild der alten Heimat sehen und hier beschreiben möchte. Ob die heutigen Bewohner von den geplanten russischen Raketenstationierungen wissen? Sicher bin ich da nicht. Auch ob sie von den Gefahren der Atomkraft wissen, weiß ich nicht. 40 Kilometer von Gumbinnen entfernt wird jetzt angeblich bei Hasselberg ein neues Atomkraftwerk gebaut.

Alle Menschen, die heute im nördlichen Teil Ostpreußens wohnen, im Oblast Kaliningrad, haben genau genommen einen Migrationshintergrund. Sie wurden auch aus ihrer eigentlichen Heimat vertrieben und in das 1945 fast menschenleere Gebiet umgesiedelt. Da haben sie das gleiche Schicksal wie die ehemaligen Bewohner ihrer Häuser. Denn sehr viele der heutigen Bewohner leben noch immer in den alten Häusern, die einst die Deutschen bauten. Sehr stabil sind diese Häuser, aus Backstein, sie trotzen zwei Weltkriegen, ohne zu zerfallen und sind auch heute noch bewohnbar. Die meisten jedenfalls. Trotzdem sind immer noch Einschusslöcher in einigen Wänden zu sehen, trotzdem sehen auch heute noch manche Häuser so aus, als wäre der Krieg gerade vorbei.

Ich fahre im Mai nach Gumbinnen. Da bleibt der Blick zunächst einmal nicht an den Häusern hängen, sondern an der großartigen Natur. Blühende Bäume überall, Flieder und natürlich in allen Dörfern die Storchennester hoch oben auf den Dächern, den Schornsteinen oder auf den Laternenmasten. Die Gruppenreise ist organisiert und das hat eine Menge Vorteile. Was macht man zum Beispiel in Kaliningrad mit einem fünfzehn Jahre alten VW, wenn der kaputtgeht? Mein Russisch beschränkt sich auf wenige Worte. Und wenn mir das Handbremsseil reißt? Oder das Kupplungsseil? Keine Ahnung, wie so etwas ausgeht. Ich habe Bedenken und finde die Busreise viel entspannter. Sie dauert acht Tage und sie beginnt in Hannover.

Ich fahre zusammen mit zwei Lorbassen, Kurt und Harry, die sind so nett, mich von Kiel aus im Auto mitzunehmen. Gut, dass ich die beiden dabeihabe, denn sie wissen ja doch noch vieles über das alte Gumbinnen. Kurt erzählt mir alles, was ich wissen will, er ist Jahrgang 1928, genau wie meine Mutter. Harry ist etwas jünger, aber auch er kann mir viel erzählen. Gerne hätte ich die Reisen mit meiner Mutter gemacht, aber dass sie das nicht wollte, muss ich akzeptieren. So frage ich nun hauptsächlich Kurt ständig Löcher in den Bauch.

Die Fahrt geht zunächst nach Gdynia, in das alte Gdingen. Dort übernachten wir und ich denke an Uwe und an die Geschichte von seiner Großmutter, die er mir einmal erzählt hat. Die hat 1939 ein Haus auf der Westerplatte bei Danzig, ganz in der Nähe von Gdingen. Mitten in der Nacht knallt es furchtbar und das halbe Haus ist weggerissen. Zum Glück ist das Zimmer, in dem sie schläft, auf der anderen Seite. Um ein Haar wäre sie die erste Tote dieses Krieges geworden. Mit den ersten Schüssen des Kreuzers „Schleswig-Holstein" nimmt der Krieg der Deutschen seinen Anfang.

Am nächsten Morgen machen wir einen Rundgang in Danzig. Wir erleben die Altstadt, in der ich schon einmal im VW-Bus mit Juan Carlos war, dem Vater meiner Kinder. Zwei sehr schöne Tage verbringen wir beide in Zoppot und Danzig, mal ohne unsere Kinder, die mit dem Au-Pair auf dem Campingplatz in Leba an der pommerschen Küste bleiben. Lange her, das alles.

Heute sehen wir mit der Reisegruppe das Krantor und die Frauengasse. Die gewaltige Marienkirche, die größte der Norddeutschen Backsteingotik, zeugt von vergangenen Jahrhunderten. Ein wenig bummeln wir noch am Hafen entlang und dann geht die Fahrt weiter. An der russischen Grenze erwartet uns Sergej, unser netter und kompetenter russischer Reiseleiter, der uns während unseres ganzen Aufenthaltes begleitet. Der muss leider erst einmal etwas warten, denn ein Stau unterwegs kostet Zeit und die Abfertigung am brandneuen Mamono-Grenzübergang natürlich auch. Aber nach zwei Stunden haben wir es geschafft. Königsberg rauscht vorbei, ebenso Wehlau und Tapiau, inzwischen gibt es auch schon eine Autobahn. Sie ist sogar zum großen Teil beleuchtet. Ja, auch hier ist der Fortschritt angekommen. Doch nicht immer ist das nur positiv. Vor meinem inneren Auge steigt wieder das letzte Bild von meiner ersten Reise hierher auf. Ich habe es in meinem Gedächtnis gespeichert: Riesige Bagger holzen die alten Alleen ab, die Bäume knicken um, als würden russische Panzer sie 1945 aus dem Weg schaffen.

Ich schrecke aus meinen Gedanken auf. Wir sind in Gumbinnen. Alles ist hell und freundlich, sauber und ordentlich. Gusev hat lange Zeit einen Bürgermeister, der die Stadt sehr gut voranbringt, erzählt uns Sergej. An der Straße, die in den Ort führt, zeigt er uns im Vorbeifahren ein Haus, das die Gumbinner als Kriegsdenkmal noch im alten Zustand stehen gelassen haben. Mit zerschossenen Wänden, abgeblättertem Putz und kaputten Fenstern. Alle anderen in der Straße sind renoviert und zum Teil auch neu gestrichen. Der ehemalige Bürgermeister ist inzwischen Gouverneur geworden für den gesamten Oblast Kaliningrad. Ganz anders sieht es in Insterburg aus, durch das wir auf Weg nach Gumbinnen fahren. Hier ist noch lange nicht der Stand erreicht, auf dem Gumbinnen inzwischen ist. Das wird dort auch noch viele Jahre dauern. Das Hotel „Kaiserhof", in dem wir wohnen, ist in fast allen Räumen schon sehr schön renoviert. Die meisten haben Glück mit ihren Zimmern. Meins liegt im ersten Stock und bietet einen schönen Blick zur Brücke über die Pissa.

Am nächsten Vormittag machen wir eine Stadtrundfahrt. Wir sehen die Salzburger Kirche und fahren durch den gesamten Ort. Im Hotel stehe ich nachmittags wie ein Erstklässler an der Liste mit den ehemaligen deutschen Straßennamen und schreibe mir die neuen russischen Namen auf. Dann gehe ich alleine los und versuche, mich zurechtzufinden. Zuerst gehe ich in die Gartenstraße, in der meine Großeltern, Wilhelm und Luise Nern, geb. Saddick mit meiner Mutter und meiner Tante in der Nummer 16 wohnten. Dass das alte Haus nicht mehr steht, wusste ich ja schon.

Vier Häuser weiter, in der ehemaligen Nummer 24, hat dann wohl meine Urgroßmutter Karoline Nern, geb. Naujokat gewohnt, ebenso wie ihre beiden Töchter Auguste Nern und Minna Krumm, geborene Nern mit ihren drei Töchtern. Ich mache ein Foto von dem Haus und hoffe, dass es das richtige ist. Denn inzwischen hat es die Nummer 16, sagt mir eine Frau vor dem Haus, denn ein Nummernschild gibt es nicht. Nicht so ganz einfach, die Spurensuche! Danach gehe ich zur Goldaper Straße und dort bis zum Bahnhof. Neben dem Bahnhof ist ein Markt, über den ich ein bisschen bummeln möchte. Das Angebot ist gut, es gibt alles und die Preise sind recht niedrig. Dann gehe ich hinüber zur ehemaligen Gemeindeschule, in der meine Lieben alle zur Schule gingen. Später heißt die dann natürlich Adolf-Hitler-Schule. Im Moment wird sie gerade renoviert und man kann rechts noch sehen, wie die alte Fassade ausgesehen hat. Links ist schon alles unter neuem Putz verschwunden.

Nachmittags fahren wir nach Insterburg und dort weiter nach Georgenburg auf ein privat geführtes Gestüt. Da ist alles schön gepflegt, die Pferde sind gut genährt, die Ställe sauber, der Rasen gemäht. Sergej meint, das gehöre jetzt einem reichen Russen. Das können wir ihm gerne glauben. Was für ein Unterschied zum Rest des Landes: Schon auf der Hinfahrt nach Gumbinnen blutet mir das Herz, wenn ich überall die verwilderten Felder sehe. Alles liegt brach, kaum eines der Felder ist mal bewirtschaftet. Allenfalls kleinere Flächen an den Häusern gibt es, man sieht auch manchmal Leute in den Gärten arbeiten. Da wächst dann ein bisschen Gemüse für den Eigenbedarf. Inzwischen hat die Natur sich auf den großen Flächen wieder ihr Recht genommen. Ist ein Feld zwei Jahre nicht bearbeitet, wächst dort schon wieder ein kleiner Wald. Es tut schon weh, wenn man bedenkt, was für ein blühendes Agrarland Ostpreußen einst war.

Abends sind wir eingeladen, das Museum zu besuchen. Dort findet eine Museumsnacht statt, großer Andrang herrscht dort. Das „Ensemble RUS" besteht aus einem Akkordeonspieler und ganz vielen dunkelrotgekleideten Damen, die sich freuen, als ich sie anspreche und sie frage, ob ich sie fotografieren darf. Sie singen diese wunderschönen russischen Lieder, die so viel Seele haben. Dann gibt es ein buntes Programm. Das Fest am Museum geht noch lange weiter, doch die meisten von uns sind dann irgendwann auch müde und wollen zurück ins Hotel. Noch schnell die Uhr umgestellt: Wir können ja eine Stunde länger schlafen, wie schön!

Am nächsten Morgen treffen wir uns beim Frühstück. Superlecker der Sahnejoghurt, ganz so, wie so etwas einmal schmeckte. Ich kann gar nicht aufhören, mich daran satt zu essen. Dazu gibt es frischgepressten Apfelsaft, ebenfalls sehr lecker. Roswitha aus dem Harz möchte gerne das Haus sehen in der Albrechtstraße, in dem sie bis zum Alter von vier Jahren gelebt hat. Ich will sie begleiten, denn ich will auch einmal die Goldaper Straße bis Kulligkehmen mitgehen, wo die Eltern meiner Großmutter wohnten, Matthias Saddick und seine Frau Wilhelmine, geb. Flick. Das Dorf wird in den dreißiger Jahren nach Gumbinnen eingemeindet, erzählt mir Sergej. Die Suche nach der Vergangenheit ist hier immer schwer, denn die meisten der alten Dorfnamen werden 1938 durch neue ersetzt, nach dem Krieg gibt es dann russische Namen.

Die Lorbasse Harry und Kurt geben uns den nötigen männlichen Schutz, als sie von unserem Plan hören, denn sie meinen, dass wir in diese Gegend nicht alleine gehen sollten. Nett, dass sie mit uns gehen, sie haben schon recht: Diese Straße ist wirklich sehr heruntergekommen. Aber Harry wusste das schon, denn er hat zwei Häuser weiter gewohnt als Roswitha. Auch in der Gartenstraße hat er eine Zeitlang gewohnt, Nummer 14. Er zeigt mir genau, wo sein Haus stand, so dass ich die weiteren Häuser durchzählen kann.

Roswitha erzählt, dass sie sich nur noch an die Rückkehr des Vaters erinnern kann: Ein fremder, bärtiger Mann kam die Straße hoch und machte dem kleinen Mädchen große Angst. Viel mehr Erinnerungen hat sie nicht, aber natürlich werden dann eine Menge Fotos gemacht.

Nachmittags haben wir Zeit zur freien Verfügung, denn der Tag des Stadtgründungsfestes ist da. Die ganze Stadt ist auf den Beinen. Überall gibt es Buden, Bänke, eine große Bühne für die vielen Gruppen, die nun auftreten. Schon kennen wir uns recht gut in unserer

Reisegruppe, überall trifft man bekannte Gesichter. Gebucht haben wir für die ganze Woche schönes Wetter, die Sonne brennt uns auf den Pelz. Wir sind alle sehr sommerlich gekleidet, es stimmt wohl doch, dass hier Kontinentalklima ist mit kalten Wintern und heißen Sommern.

Das Stadtgründungsfest ist der ausgewiesene Höhepunkt der Reise. Wikipedia sagt: „Bereits 1580 wurde die Ortsbezeichnung Gumbinnen erstmals urkundlich erwähnt, sie kommt wahrscheinlich aus dem litauischen (litauisch: gumbine: Knotenstock, knorrige Äste)." Na, da ist es dann ja wohl kein Wunder, dass die Bewohner und ihre Nachkommen auch selber etwas knorrig sind. Ganz Gumbinnen tummelt sich heute auf der Straße. Nach dem Stand von 2010 sind es etwa 28 000 Bewohner. Etwas mehr sogar, als vor dem Krieg. Dazu kommen natürlich noch eine Menge Gäste, die auch hier sind. Mitten im Gewühl steht der Elch, hübsch geschmückt mit vielen bunten Luftballons. 1991 ist das Wahrzeichen der Stadt, der 1911 aufgestellte „Gumbinner Elch", endlich aus Königsberg zurückgekehrt. Und da steht er nun ungerührt und schaut sich das bunte Treiben an. Abends gibt es ein Feuerwerk.

Am fünften Tag fahren wir in die Rominter Heide. Einen richtigen Elch sehen wir leider nicht. Aber auf dem Weg ins alte Trakehnen fahre ich zum ersten Mal wieder durch einige alte Alleen. Es gibt sie also doch noch! Überall das grüne Blätterdach, das ist wunderschön. Weniger schön ist dann der Besuch im ehemaligen Gestüt Trakehnen, dort sehen die Häuser doch sehr schäbig aus. Übriggeblieben ist da eigentlich nur noch das Tor mit der Elchschaufel, der Rest altert so vor sich hin. Weiter fahren wir durch die Alleen, ganz enge Wege und wir bewundern alle unseren ruhigen und sicheren Fahrer Valentin, der uns durch alle Klippen schippert. Hellgrüne Birken begrüßen uns, am Wegesrand gibt es kleine Seen, ein herrliches Stück Natur. Sogar kleine Erhebungen zeigt uns Sergej: Zum Beispiel den Fuchsberg in der „Rominter Schweiz", der ist immerhin 380 Meter hoch. Wir halten am Marinowo-See, aber leider nicht lang, denn hier schwirren sehr viele Mücken herum. In einem alten Fotoalbum von 1944 habe ich noch ein Bild von einem Pfingstausflug an diesen See. Von der Rominter Heide hat meine Tante Erna nämlich immer sehr geschwärmt, da war sie oft mit ihrem Schatz. Ebenso hat sie mir immer viel von Fichtenwalde erzählt, das liegt allerdings kurz vor den Toren der Stadt und war für meine Lieben immer der Weg für den Sonntagsspaziergang.

Am Abend sind wir nach dem Essen eingeladen zu einem Konzert in der Salzburger Kirche. Der Kant-Chor aus Gumbinnen singt ein buntes Potpourri aus alten russischen Liedern, Klassik, Volksliedern und natürlich auch das „Ostpreußenlied" und „Ännchen von Tharau". Viele aus unserer Gruppe wischen sich verstohlen über die Augen, es geht allen sehr nahe.

Ich habe eine Eingebung, von der ich nicht einmal weiß, wie sie mir gekommen ist. Manchmal denke ich, dass sich solche Dinge fügen, wenn es so sein soll. Im Hotel sehe ich ein kleines Heft mit einem Einwohnerverzeichnis aus Gumbinnen von 1937. Alle meine Verwandten finde ich dort, bis auf meine Mutter, die war da ja noch zu klein. Aber mein Opa ist eingetragen, Wilhelm Nern, Zimmererpolier, Gartenstraße 16. Auch meine Tante finde ich: Erna Nern, Stenotypistin, Gartenstraße 16. Ich frage im Hotel, ob ich so ein Heft kaufen könne, aber leider sagt man mir, es läge dort nur zur Ansicht. Im Konzert sehe ich nun Richard, einen Deutschen aus Bayern, der viel für die Stadt tut, oft dort ist und auch eine Wohnung im Ort hat. Ich habe den Geistesblitz und frage ihn, ob er mir nicht das begehrte Objekt verkaufen könne. Der grinst mich freundlich an und meint: „Nein, das kann ich nicht. Leider." Als er meinen betrübten Blick sieht, grinst er noch mehr und dann kommt das Zauberwort: „Aber schenken kann ich es dir! Komm' mit in meine Wohnung, da habe ich noch zwei Exemplare liegen!" „Wo ist das denn?" „Gartenstraße 16, gleich um die Ecke!" „Das ist ja irre, da hat meine Urgroßmutter gewohnt!" „Das war aber früher nicht 16, sondern 24!" „Ja, genau, das habe ich auch schon ausgerechnet, ich habe sogar gestern ein Foto vom Haus gemacht, schau her!" Ich zeige ihm das Foto auf meiner kleinen Digitalkamera. Auch Richard ist verblüfft über diesen Zufall und so gehen wir in seine Wohnung. Die drei Schweizer Damen (Großmutter, Mutter und Enkelin Nina) kommen auch mit. Sie wollen gerne eine CD vom Kant-Chor haben.

Richard wohnt im ersten Stock in einer großen schönen Altbauwohnung und er lädt uns alle herzlich zum leckeren bulgarischen Rotwein ein. Mich berührt es sehr, in dieser Wohnung mit den alten moosgrünen Kachelöfen zu sein. Gerne will ich es glauben, dass hier in dieser Wohnung Karoline Nern wohnte, die Mutter von meinem Großvater. Und auch ihre beiden Töchter Auguste Nern und Minna Krumm, geb. Nern. Dazu finde ich im Adressbuch auch die drei Töchter von Minna, Anneliese und Herta, beide Bankangestellte und Emma, Bürogehilfin. Alle gemeldet in der Gartenstraße 24. Von den „Krummchens" hat mir ja meine Tante Erna immer viel erzählt, besonders von ihrer Lieblingscousine, dem Annelieschen. Es gibt allerdings noch weitere Wohnungen dort im Haus. Da könnten sie natürlich auch gewohnt haben. Aber vielleicht zu klein für sechs Leute. Also doch hier? Wieder zu Hause in Strande höre ich allerdings, dass Richard sich wohl geirrt hat und dass sein Haus früher die Nummer 18 hatte. Die 24 wäre dann doch drei Häuser weiter gewesen. Schade!

Gerade drehe ich mich zu Nina um im Gespräch und schon hat Richard einen zweiten Rotwein eingegossen. Die Emotionen und der Wein schlagen über mir zusammen, ich fühle mich völlig betrunken. Ein wunderbarer Abend ist das, alles hat sich so schön gefügt. Nach einer Weile gehen wir alle ins Hotel, wo wir die anderen treffen. Roswitha aus Schönberg bei Kiel hört mir gespannt zu, als ich von meinem Abenteuer berichte. Auch sie ist noch in Gumbinnen geboren und versteht meine Emotionen. Sie selber ist nun auch schon zum zweiten Mal hier in der alten Heimat. War gerade mal fünf Jahre alt, als sie wegmusste. Christel aus Italien ist ebenfalls sehr beeindruckt. Sie stammt nicht aus Gumbinnen, sondern aus Masuren. Lothar aus der Nähe von Bremen merkt auf, als ich den Namen „Krumm" sage: „Mein Opa hieß Franz Krumm!", lacht er. Ich denke nach: Der Mann von Minna heißt Fritz Krumm, das weiß ich sicher. Er ist aus Walterkehmen. Vielleicht sein Bruder? Wir lachen uns an und freuen uns, dass wir nun verwandt sind. Nicht sicher, ob es stimmt. Aber glauben wollen wir es gerne. Ich fühle mich sehr wohl in der Runde, gehe aber trotzdem bald auf mein Zimmer, weil ich völlig erschöpft bin. Schließlich flirte ich ja nicht jeden Tag mit dem Geist der Ahnen.

Am sechsten Tag der Reise sind wir in Königsberg und machen dort eine kleine Bootsfahrt vom neuen Fischdorf aus. Bei meinen ersten beiden Reisen liegt der Dom noch in Trümmern. Inzwischen ist er - dank vieler Spenden - wiedererrichtet zusammen mit dem Kant-Grab. Viele der jungen Menschen in Königsberg wollen auch den russischen Namen Kaliningrad nicht mehr, sie sagen: „Ich bin aus

König!" Sie lassen sich hier trauen, da ein Hochzeitsfoto am Kant-Grab Glück für die Ehe bringen soll. Dazu werden an der Brücke zur Dom-Insel tausende Liebesschlösser angeschlossen, der Schlüssel wird in den Fluss geworfen. Wir machen noch eine kleine Tour im Bus durch die Stadt, dann geht es ans Meer. Auf der vierspurigen Autobahn mit Beleuchtung rauschen wir nach Rauschen. Vor meinem inneren Auge habe ich die kleinen Fotos, die meine Tante Erna durch die Wirren der Flucht gerettet hat und die ich inzwischen in meinem Besitz habe: Der Strand in Rauschen, das alte Seebad Cranz, Flitterwochen an der Ostsee in Nidden mit Otto, ihrem Mann. Nur eine kurze Flitterwoche, sie dauert drei Tage. Aber immerhin ist es eine sehr glückliche Zeit. Ich denke auch an die komische Grenze nach Litauen auf der Kurischen Nehrung, an das Holzhäuschen mitten im Wald: Heute ist es eine richtige Grenze geworden, das erzählen mir Mitreisende, es ist ja schließlich inzwischen eine wichtige Außengrenze der EU.

Auch dort in Rauschen war ich ja schon, es macht einen sauberen und netten Eindruck, die alten Holzvillen sind inzwischen alle frisch gestrichen und leuchten durch das helle Grün der vielen Bäume. Zum Strand fahre ich bei meiner ersten Reise noch mit dem Fahrstuhl, so beeindruckend hoch ist hier die Steilküste. Der Fahrstuhl ist aber seit einigen Jahren außer Betrieb, meint Sergej. Schade. Besonders für die vielen älteren Gäste wäre es sehr schön, wenn er repariert würde.

Wir bummeln zusammen durch den Ort, die beiden Roswithas und ich. Unten auf der Promenade ist trotz der frühen Jahreszeit schon viel Betrieb. Allerdings gibt es an der langen Promenade nur zwei Lokale, in denen man etwas essen kann. Das eine ist ziemlich teuer, denn es ist das Restaurant vom Vier-Sterne-Hotel. Im anderen, einem kleinen Imbiss, gibt es Schaschlik für 200 Rubel. Das gefällt mir schon besser. Dazu bestelle ich bei einer jungen Frau in einer Holzbude einen Salat für 100 und ein Wasser für 40 Rubel. Die 340 Rubel sind etwa acht Euro. Als ich bezahlt habe und mich mit meinem Wasser an den kleinen Holztisch setze, wirft der Mann den Grill an und der kleine Sohn der Familie wird mit etwas Geld losgeschickt, er kommt mit einer Gurke und ein paar Tomaten wieder. Für meinen Salat. Als das Essen fertig ist, bin ich begeistert: Es schmeckt alles sehr gut, das Fleisch ist ganz zart und der Salat mit viel Liebe und frischen Kräutern angerichtet.

Was es aber an der Promenade und auch oben im Ort an jeder Ecke gibt, sind Stände mit Bernsteinschmuck. Sergej warnt uns allerdings, dass die meisten Steine nicht echt sind. So kommt ein Bernsteinverkäufer in den Bus und betreut die Kunden auf unserer Fahrt von Königsberg bis Rauschen. Da sollte man also sicher sein, etwas Echtes zu erstehen. Trotzdem ist es interessant, die vielen Angebote hier zu sehen. Ich kaufe nichts, schaue mir aber alles an.

Oben im Ort gehen wir nachher wieder zum Bus zurück. In der Straße, in der er geparkt ist, haben die Händler inzwischen feste kleine Häuschen für ihre Geschäfte bekommen. Doch Sergej sagt, die gäbe es erst seit etwa einem Jahr. Einige sind tatsächlich noch im Bau. Es ist doch erstaunlich, dass da noch niemand vorher drauf gekommen ist. Vor zwanzig Jahren gab es in der gleichen Straße nur fliegende Händler mit Tapetentischen. Dort wurde hauptsächlich Kaviar, aber auch Wodka und russischer Champagner verkauft. Auf der Rückfahrt sehen wir, was alles um Rauschen herum neu gebaut wurde: Es gibt Einfamilienhäuser ohne Ende, alle neu. Sogar mein aktueller Reiseführer von Marco Polo spricht von reichen Festlandrussen, die sich überall an den Küsten ansiedeln. Das wird die Orte auf jeden Fall verändern. Danach kommen wir an dem alten Badeort Cranz vorbei, allerdings wieder auf einer neuen, vierspurigen Autobahn mit Beleuchtung. Auf den verwilderten Feldern wogen die weißen Blüten der Schafgarbe.

Ein wunderbarer Abschiedsabend macht mich nachdenklich, wie immer bin ich traurig über das, was wir verloren haben. Es ist ein Teil von mir, der dort an dem Flüsschen Pissa zu Hause ist, das spüre ich genau. Meine Seele wird berührt, auf eine ganz andere Weise als in Spanien, Italien oder Frankreich. Hier sind meine Wurzeln, das kann und will ich nicht leugnen. Besonders die starken Frauen des Ostens, die sind meine Lebensbegleiter, vielleicht stammen einige meiner Vorfahren ja auch aus Litauen oder aus Kaschubien. Am nächsten Tag fahren wir wieder den langen Weg in den Westen. Margot hat Geburtstag und wir singen im Bus alle ein Ständchen. Dann wird es ruhig, die meisten sind doch wohl sehr erschöpft von den vielen Eindrücken. Manche, wie zum Beispiel Kurt, sind ja schon alte Hasen, aber andere haben es jetzt erst gewagt, sich der eigenen Vergangenheit zu stellen. Kurz vor der Grenze nach Polen fahren wir wieder über die alte Reichsstraße 1, neben der neuen Straße sieht man noch die alte Trasse mit den großen Betonplatten. Gebaut von Deutschen oder von Russen, dass weiß man nicht so genau. Ich sehe die vielen Panzer, die hier fahren auf der Flucht nach Westen und auch die russischen, die ihnen hinterherjagen. Vor meinem inneren Auge spulen Bilder ab, die ich aus Dokumentarfilmen kenne. Den letzten Kilometer vor der Grenze fahren auch wir dann auf der alten Plattentrasse.

Diesmal ist der Grenzübertritt in Rekordzeit geschafft: Eine Stunde brauchen wir insgesamt für die Kontrolle, wieder alle raus aus dem Bus und durch die Passkontrolle, dann wieder rein in den Bus und wir fahren Richtung Heimat. Im Bus singen wir zum Abschied „Land der dunkler Wälder", das Ostpreußenlied. Aber es klappt nicht mehr ganz so gut, wie noch vor zwanzig Jahren. Damals lebten noch viele der alten Ostpreußen, die dieses Lied schon als kleine Kinder kannten. Mit allen fünf Strophen. Heute sind die Menschen in unserer Gruppe schon deutlich jünger: Von 17 bis 91 geht die Altersstruktur. Der überwiegende Teil der 40 Reisenden ist über 60. Aber das ist dann doch schon wieder eine ganz neue Generation.

Kaum in Polen, fällt es uns deutlich auf: Wir sehen wieder Holzwirtschaft, abgemähte Felder, Strohballen, bestelltes Land mit wogendem Roggen, Weizen oder Raps, viele Kühe und Pferde, Gärten mit Gemüse und Blumen. Ich denke wieder daran, wie weh es tut, dass es das in Nord-Ostpreußen kaum noch gibt. Die Straßen sind hier sauber, am Straßenrand sieht man wieder Bordsteinkanten.

Eine Station machen wir noch am Frischen Haff. Frauenburg heißt heute Frombork, wir gehen vor der Führung zum Grab von Kopernikus ans Haff hinunter. Kaum sieht man im Dunst das andere Ufer mit der Frischen Nehrung, das ist ganz schön weit weg. Jeder kennt die Bilder von den vielen Flüchtlingstrecks, die bei Eis und Bombenbeschuss versuchen, an das rettende Ufer der Frischen Nehrung zu kommen. Viele Gespanne versinken hier in den eisigen Fluten. Dunkle Bilder, ein dunkler Stein am Ufer: In deutscher Sprache wird an die 450 000 Menschen erinnert, die im eisigen Winter 1944/45 sterben.

Ein letzter Höhepunkt verdrängt dann abends die dunklen Bilder und auch die dunklen Gedanken: Erst fahren wir durch die wunderschöne Landschaft der Kaschubei, zum Teil auf abenteuerlichen

Wegen, die immer enger werden. Doch dann kommen wir nach Kragen, Krag heißt der Ort heute. Übernachten können wir dort in einem alten Schlosshotel. Ich habe Glück und bekomme ein kleines Zimmerchen unterm Dach mit Blick auf den See. Abendessen ganz stilvoll, wir sagen alle nur noch „Durchlaucht" und „Gräfin" zueinander.

Die Menschen in der Reisegruppe sind alle sehr nett und wir haben durch die gemeinsame Heimat und durch die gemeinsamen Wurzeln doch viele berührende Momente miteinander erlebt. Nach dem Abendessen sitzen wir noch in einer kleinen Gruppe in der großen Eingangshalle am Kaminfeuer und hängen unseren Gedanken nach.

Am letzten Tag sitzen wir dann für den langen Weg nach Westen wieder im modernen Fernreisebus mit einer Klimaanlage, Toilette, bequemen Sitzen, Sicherheitsgurten und Getränkeservice und nicht auf einem offenen LKW mit Flakgeschütz, der jederzeit bombardiert werden kann. Trotzdem ist der Weg weit. 1.058 km, zwölf Stunden 58 Minuten von Strande bis Gumbinnen sagt Google Maps. Für Atomraketen ist das allerdings nur ein kleiner Sprung. Die schaffen locker 1000 Kilometer. Vielleicht ist das neue Szenario an der alten Grenze in Wirklichkeit für uns heute ebenso bedrohlich wie es 1941 der Krieg für meine Mutter in Ostpreußen war. Bei dem Gedanken fühle ich mich wieder so wie mit zwölf, so alt wie meine Mutter ist, als sie ihr Tagebuch zu schreiben beginnt. Ich habe, als ich zwölf bin, andere Ängste, aber sie haben ihren Ursprung in der deutschen Geschichte: Es gibt die Kubakrise, ich habe panische Angst, dass es wieder einen Krieg gibt - und wie dicht wir am Abgrund stehen und wie berechtigt meine Ängste 1962 sind, das sehe ich erst in den Berichten, die vor ein paar Jahren veröffentlicht werden.

Die Atomraketen an der polnischen Grenze beunruhigen nicht nur mich, das weiß ich. Denn wir Nachkommen der ostpreußischen Menschen sind mit Sicherheit sensibler für derartige Machtdemonstrationen. Denn tief in uns - und das ändern auch viele Jahrzehnte nicht - steckt noch immer die Angst davor, dass doch einmal wieder ein Krieg entstehen könnte und dass wir wieder in den Strudel der Weltgeschichte hineingerissen werden. „Jeder Krieg verändert das Gehirn derjenigen, die an ihm teilnehmen", sagt der Hirnforscher Joachim Bauer. Dieser Krieg hat uns alle für immer tief geprägt, auch wenn viele von uns die Geschichten zum Glück nur aus Erzählungen kennen.

14. Die Kriegskinder der Jahrgänge 1928 bis 1950

Als ich zum ersten Mal bei der Strander Therapeutin bin, die sich zusammen mit einigen anderen Therapeuten mit der Gruppe der Kriegskinder beschäftigt, erzählt sie mir, dass die Wissenschaftler heute zu den Kriegskindern die Jahrgänge 1928 bis 1950 zählen. Ich bin zunächst etwas überrascht, da ich eigentlich dachte, dass ich gar nicht zu dieser Gruppe gehöre. Ich rufe nur an, um mich über ihre Arbeit zu informieren, denn in der Zeitung lese ich einen Artikel darüber. Und so stelle ich dann fest, dass sowohl meine Mutter (Jahrgang 1928) als auch ich (Jahrgang 1949) zu den Kriegskindern gehören. Meine Neugier ist geweckt und so melde ich mich für eine der Gruppen an. Ich bleibe dabei für einige Jahre. Viele Geschichten höre ich, viele erzähle ich.

In späteren Gruppen kommen auch schon mehr Nachkriegskinder dazu, die auch alle unter diesen unbestimmten Symptomen leiden: Diffuse Ängste, Schlafstörungen, oft auch ganz massive psychische Störungen. Davon, so die Therapeutin, können fast alle Kriegskinder erzählen. Auch die der späteren Nachkriegsgeneration. Die Arbeit dieser Gruppen ist wichtig, es werden auch immer mehr. Und es müssen wohl auch diese 60 Jahre vergehen, bis die vielen älteren Menschen sich überhaupt öffnen können. Viel Zeit ist schließlich inzwischen vergangen. Je älter die Menschen werden, desto größer wird auch der Druck. Bei manchen habe ich den Eindruck, dass sie noch vor dem Tod diesen schwerwiegenden Ballast loswerden möchten, sich von dem befreien wollen, was sie ihr Leben lang selbst ihrer eigenen Familie verschwiegen haben. Es sind verwundete Kinder, die dieser Krieg hinterlassen hat, in ganz Europa.

Viele von ihnen melden sich nun endlich zu Wort. Sie erleben den Krieg zum Teil als ganz kleine Kinder: Dem Grauen völlig schutzlos ausgeliefert. Sie werden mitten in der Nacht aus dem Schlaf gerissen und müssen völlig verängstigt in Bunkern ausharren, während um sie herum die Erde bebt von den Bombenangriffen. Sie spüren entsetzt, dass auch die Erwachsenen furchtbare Angst haben. Sie alle haben traumatische Verletzungen, von denen sie ein Leben lang begleitet werden. Nun endlich drängt es sie, sich zu Wort zu melden. Ebenso wie die Nachkriegskinder, die die Ängste und den Horror des Krieges zwar nur aus Erzählungen kennen, sich das mit ihrer blühenden Fantasie aber alles sehr gut vorstellen können. Die auch ein Leben lang darunter zu leiden haben und so manches auch an ihre eigenen Kinder weitergeben. Das ist dann die dritte Generation traumatisierter Menschen, die dieser unmenschliche Krieg hinterlässt. Und damit ist sicherlich noch nicht das Ende erreicht, denn die Geschichte geht weiter.

Es sind natürlich nicht nur die Ostpreußen, die unter all dem leiden: Ganz viele Gespräche führe ich in dieser aufregenden Zeit, in der ich an dem Buch schreibe. Ganz viele neue Freundschaften entstehen und viele Menschen erzählen mir von ihren eigenen Erfahrungen mit dem Thema. Da ist die Freundin, deren Mutter gerade mit über 90 Jahren stirbt. Es ist immer ein schwieriges Verhältnis zwischen Mutter und Tochter, ähnlich wie bei meiner Mutter und mir. Doch in den letzten Jahren wird es liebevoller: Die Mutter, die ihre Tochter ein Leben lang auf Abstand hält und die keine Nähe zulassen kann, die wird in den letzten Jahren dement und so kann die Tochter in dieser Zeit noch einmal eine liebevolle, zärtliche Mutter erleben, die den dicken Panzer um sich herum nicht mehr aufrecht erhalten kann. Eigentlich ein wunderbarer Weg, den die Natur da eingeschlagen hat.

Oder der neue Freund in Amerika, Hans-Dieter, 80 Jahre alt, der nach dem Tod seiner Frau Eva-Maria den Nachlass sortiert und ein Foto meiner Mutter findet. Ganz zum Spaß gibt er im August den Namen „Irmgard Nern" in Internet ein und er landet sofort auf meiner Homepage. Dort gebe ich schon im Juli, noch während ich an den letzten Seiten schreibe, den Mädchennamen meiner Mutter unter ihrem Foto ein, das auch später auf den Buchtitel kommt. Hätte ich den späteren Ehenamen „Irmgard Schreib" eingegeben, hätte der mich nie finden können. Natürlich ruft er sofort bei mir an. Und er sagt selber, wenn er da nichts gefunden hätte, er hätte nie wieder danach gesucht. Das ist dann wirklich ein sehr schmales Zeitfenster, in dem wir uns da finden. So taucht die Vergangenheit für ihn und mich wieder ganz lebendig auf. Seine Frau ist in Schleswig mit meiner Mutter zusammen in der Schule und auch sehr eng befreundet. Viele Einträge in den Tagebüchern zeugen von dieser Freundschaft. Eine ganz kuriose Geschichte, die dazu führt, dass ich nun noch einen Menschen gefunden habe, der Zeitzeuge dieser Jahre ist und mit dem ich mich - er ist da mit Hilfe seiner Kinder und Enkel ganz modern - inzwischen oft über Skype austauschen kann.

Wichtig sind auch die vielen Gespräche mit Menschen meiner Generation. Viele erzählen erst jetzt, dass auch ihre Vorfahren und Familien aus Ostpreußen stammen. Auch bei Menschen, die ich sehr lange kenne, war mir das zum Teil gar nicht so bewusst. Alle sind wir uns einig: Diese gemeinsame Geschichte verbindet uns und die Erfahrungen, die wir alle gemacht haben, sind sich sehr ähnlich. Aber einig sind wir uns auch über eines: Erst jetzt, nach so vielen Jahren, fangen die Menschen an, darüber zu reden. Viele haben problematische Mutter-Tochter-Beziehungen, viele haben auch auf intensivstes Nachfragen keine Antworten bekommen. Auch die Väter schweigen natürlich, nicht nur die Mütter. Die Väter, die zum Teil schon vor sehr langer Zeit gestorben sind, kann man nicht mehr befragen. Nun ist die Zeit gekommen, in der die Mütter sterben, doch auch hier wird zum Teil geschwiegen bis ins Grab.

Viele können wie ich über die Beziehung zur Mutter nur sagen: „Oft dominant und wehe, ich widerspreche, dann kommt störrisches Schweigen…aber tief drinnen ist immer noch das verletzte, traumatisierte kleine Kind, das Angst hat und mit ständigen neuen bunten Bildern die alten dunklen Bilder aus der Seele verdrängen will." Bloß, man hätte an diesem Trauma arbeiten können und es damit in neue Wege leiten, aber genau das wollte diese Generation niemals…Doch das Ganze hat auch eine andere Seite. Eine Therapeutin hat mir mal gesagt: „Wenn diese Generation von Müttern und Vätern nach 1945 ihre psychischen Schäden und Traumata anerkannt und bearbeitet hätte, dann wären sie nach dem Krieg mit all dem unermesslichen erfahrenen Leid und der Angst in eine ganz tiefe Depression gefallen, aus der sie nur schwer und vielleicht erst sehr viel später wieder herausgekommen wären. Sie hätten also niemals dieses Land so wieder aufbauen können, wie sie es getan haben."

Vielleicht stimmt das wirklich. Die Alternative: Ein Land, das noch 1970 in Trümmern liegt, Eltern, die sich von einer Therapie zur anderen schleppen, da sie immer noch die Leichenberge im Traum sehen…und Kinder, denen es damit vielleicht auch nicht besser gegangen wäre. Nur hätten diese Eltern uns dann vielleicht mal in den Arm genommen und mitgefühlt…und das wäre sicher für uns besser gewesen, als dieses harte Schweigen.

Jutta von Freyberg, Barbara Bromberger, Hans Mausbach
„Wir hatten andere Träume."
Kinder und Jugendliche unter der NS-Diktatur
ISBN 3-88864-076-8 · 1995 · 220 Seiten · 262 Abb. · 24,50 €

Helmut Ulshöfer (Hrsg.):
Zwischen den Welten
Vom Antifaschisten Willy Eucker zum Emigranten William C. Emker
ISBN 3-88864-058-X · 1993 · 225 Seiten · 14,00 €

Horst Bormet
Eine Generation in zwei Weltkriegen
Eine Familiengeschichte im politischen und kulturellen Umfeld
ISBN 3-88864-366-X · 2003 · 400 Seiten · 19,80 €

Alfred Marchand
Ich habe nie Langeweile gehabt
Ein Widerstandskämpfer gegen den Faschismuss erzählt sein Leben
ISBN 3-88864-327-9 · 2001 · 80 Seiten · 11,00 €

Karl Heinz Jahnke
Aus dem Leben von Peter und Ettie Gingold
ISBN 3-88864-409-7 · 2006 · 195 Seiten · 14,80 €

Haidi Streletz
Mein Vater war Nazi
Im Spannungsfeld zwischen Opferrolle und Bewältigung
ISBN 3-88864-369-4 · 2003 · 110 Seiten · 12,00 €

Margret Hamm
Lebensunwert – zerstörte Leben
Zwangssterilisation und „Euthanasie"
ISBN 3-88864-391-0 · 2005 · 254 S. · 14,80 € (Taschenbuch)

Karl Heinz Jahnke/Alexander Rossaint
Hauptangeklagter im Berliner Katholikenprozeß 1937:
Kaplan Dr. Joseph Cornelius Rossaint
ISBN 3-88864-345-7 · 2002 · 186 Seiten 14,80 €

Elisabeth Schrader
Meine Umwege durch Jahre des Niedergangs zum Neubeginn 1933–1945
ISBN 3-88864-§%$-& · 2002 · 189 Seiten · 15,00 €

Wolfgang Zander
Zerrissene Jugend
Ein Psychoanalytiker erzählt von seinen Erlebnissen in der Nazizeit 1933 – 1945
ISBN 3-88864-282-5 · 1999 · 154 Seiten · 14,50 €

Karl Heinz Jahnke
Für eine Welt ohne Krieg und Faschismus
Arthur Becker 1905–1938
ISBN 3-88864-396-1 · 2005 · 118 Seiten · 12,80 €

VAS – Verlag
Ludwigstr. 12 d
61348 Bad Homburg v.d.H.
Telefon 06172-6811-656
Fax 06172-6811-657
E-Mail info@vas-verlag.de
Internet: www.vas-verlag.de